档案管理与资源利用探索

李 丹 杨 波 张伟嘉 ◎著

中国书籍出版社
China Book Press

图书在版编目（CIP）数据

档案管理与资源利用探索 / 李丹, 杨波, 张伟嘉著. -- 北京：中国书籍出版社, 2023.12
ISBN 978-7-5068-9644-3

Ⅰ.①档… Ⅱ.①李… ②张… ③赵… Ⅲ.①档案管理—研究 Ⅳ.①G271

中国国家版本馆 CIP 数据核字 (2023) 第 216445 号

档案管理与资源利用探索
李 丹 杨 波 张伟嘉 著

图书策划	邹　浩
责任编辑	吴化强
责任印制	孙马飞　马　芝
封面设计	博健文化
出版发行	中国书籍出版社
地　　址	北京市丰台区三路居路 97 号（邮编：100073）
电　　话	（010）52257143（总编室）　（010）52257140（发行部）
电子邮箱	eo@chinabp.com.cn
经　　销	全国新华书店
印　　厂	北京四海锦诚印刷技术有限公司
开　　本	710 毫米 ×1000 毫米　1/16
印　　张	11
字　　数	218 千字
版　　次	2024 年 1 月第 1 版
印　　次	2024 年 1 月第 1 次印刷
书　　号	ISBN 978-7-5068-9644-3
定　　价	68.00 元

版权所有　翻印必究

前　言

　　档案管理工作是用科学的理论和方法管理档案，提供档案为各级党政机关、社会组织和个人服务的工作。档案管理工作的基本任务是收集齐全、妥善保管、整理加工和开发利用各种门类和载体的档案，不仅为档案形成者的各项管理工作服务，而且应承担起记录历史、传承文化的社会重任。时代在发展，新的科技不断涌现，为档案管理工作的创新带来了新的机遇。在这样的背景下，档案管理工作只有与时俱进，改变观念，不断学习方能不被时代淘汰。在新的设备和先进的管理思想的帮助下，档案管理工作可以比以往更高效、更规范。档案管理工作者要主动学习世界先进的管理思想和方法，学习先进的技术设备的操作，并将其与档案管理工作很好融合。在这样的努力之下，档案管理工作必将有效利用更多有价值的档案信息资源，为读者提供高质量、高水平的服务，实现档案工作的科学化、规范化与现代化。

　　本书对档案管理与资源利用进行了全面的研究，书中首先从原则、性质、组织体系、制度建设及管理范围对档案管理工作进行概述，让读者对档案管理有初步的了解；然后论述了档案收集与整理、统计与检索、档案工作者职责履行与提升，让读者对档案管理的具体工作有了进一步的认知；最后研究了档案信息资源的开发与利用及档案信息化管理的创新模式。目的是让档案工作者以及关注档案事业发展有志之士更多的了解现代社会档案管理，认识档案管理理论变革的新思路和新方法，促进档案管理理论的发展和完善，推动现代档案工作的规范化和档案管理的科学化。

　　在本书写作过程中，参考和借鉴了一些知名学者和专家的观点及论著，在此向他们表示深深的感谢。由于水平和时间所限，书中难免会出现不足之处，希望各位读者和专家能够提出宝贵意见，以待进一步修改，使之更加完善。

目　　录

第一章　档案管理工作概述 ··· 1

第一节　档案的内涵 ·· 1
第二节　档案管理的含义 ··· 6
第三节　档案工作的原则与性质 ·· 8
第四节　档案工作的组织体系与制度建设 ···································· 13

第二章　档案管理的管理范围 ··· 21

第一节　档案管理中的管理维度 ·· 21
第二节　档案管理中的管理内容 ·· 24
第三节　档案管理中的管理资源 ·· 28
第四节　档案管理中的管理方式 ·· 39

第三章　档案收集与整理工作 ··· 45

第一节　档案收集与管理工作的内涵 ··· 45
第二节　档案室与档案馆的收集工作 ··· 49
第三节　档案的整理工作 ··· 56

第四章　档案统计与检索工作 ··· 66

第一节　档案统计与检索工作的内涵 ··· 66
第二节　档案统计调查与档案统计资料 ······································· 72
第三节　档案的著录与标引 ·· 76
第四节　检索工具的制作与使用 ·· 82

第五章　档案工作者职责履行与提升 ·· 90

第一节　档案工作者职责概述 ·· 90

第二节　档案工作者职责履行产生的影响 …………………………… 98

　　第三节　信息时代提高档案工作质量的策略 …………………………… 105

第六章　档案信息资源的开发与利用 …………………………… 108

　　第一节　档案资源开发 …………………………………………………… 108

　　第二节　档案信息资源的开发价值与原则 …………………………… 112

　　第三节　档案信息资源开发的应对策略 …………………………… 117

　　第四节　档案的提供利用服务 …………………………………… 121

第七章　档案信息化管理的创新模式 …………………………… 132

　　第一节　不同载体的档案进行统筹管理 …………………………… 132

　　第二节　文件档案实行一体化管理 …………………………………… 136

　　第三节　推动馆藏档案的数字化应用 ………………………………… 143

　　第四节　推动档案资源的社会化利用 ………………………………… 149

　　第五节　档案资源实行多元化保存 …………………………………… 156

　　第六节　数字档案实行安全性保障 …………………………………… 160

参考文献 ……………………………………………………………… 168

第一章　档案管理工作概述

第一节　档案的内涵

一、档案的定义

《中华人民共和国档案法》（以下简称《档案法》）第二条："本法所称的档案，是指过去和现在的国家机构、社会组织以及个人从事政治、军事、经济、科学、技术、文化等活动直接形成的对国家和社会有保存价值的各种文字、图表、声像等不同形式的历史记录。"该定义详细地说明了档案的形成者、产生领域、特点和形式。

档案是国家机构、社会组织或个人在社会活动中直接形成的有价值的各种形式的历史记录。

二、档案的特点

根据档案的定义，显示其有以下几方面特点。

（一）来源的广泛性

档案是国家机构、社会组织和个人在各项活动中直接形成的，从某个角度来说，人们整个生命活动就是处于信息的生成和利用的循环过程之中。档案对这些信息进行了承载，它伴随着人们生命的开始而开始，并贯穿于人们的整个生命活动之中。具体地说，档案来源于各种机构和个人，是在他们从事政治、经济、科学、技术、文化等活动中产生的。前者包括机关、团体、军队、企事业单位等组织，后者涵盖了家庭、家族和个人。可见，档案的形成主体几乎包含了社会活动的所有主体，也正是因为这样，所以档案具有来源广泛的特点，同时也使档案内容具有丰富性，档案事务具有社会性。

（二）形成的原始性

这是档案最显著和最重要的特征。原始性是指档案的历史记录性，是档案的本质属性。档案是根据某一原始材料直接转化形成的，不存在事前编纂、事后编写的情况，更不是杂乱无章随意搜集而来的。众所周知，档案是信息载体的其中一种，信息还有许多载体，如图书、情报、资料等。虽然信息载体众多，但是却不是所有的都能被视为档案。这是由档案自身的特点决定的。人们的各种实践活动、社会生活都是档案生成的源泉，它客观、直接地记录了活动主体的活动历史，是"第一手资料"，这就决定了档案具有原始性、真实性，也从而使档案具有了证据作用以及依据作用。而之前提到的情报、图书、资料等，是搜集、交流得来的，不是由社会活动直接生成的，属于"第二手资料"，真实性存疑，因而不具有参考价值，不能转化成档案。

（三）形式的多样性

历史是不断发展的，社会也随之进步。风云变幻之间，档案的形式也经历了多种变化，这种变化主要是因为记录信息的方式和载体发生了变化。从记录信息的方式来看，经历了刀刻、手写、录音、摄影、录像等的变化；从记录信息的载体来看，经历了甲骨、金石、青铜、竹简、缣帛、纸张、磁带、胶片、光盘等的变化。此外，表达方式的变化也决定了档案形式的多样性，如文字、图像、声音等。

（四）生成的条件性

档案在成为档案之前，首先是文件。但并不是所有的文件都可以成为档案，这之间的转化必须有特定的条件支撑才能完成。首先，要转化成档案的文件必须是已经处理完的，正在处理的文件材料不能算是档案材料，只有当一份文件已经完成了传达和记录的使命，它才具有参考的作用，也才可以转化成档案。其次，文件要转化成档案必须具有保存利用价值。不是所有处理完毕的文件都可以形成档案，必须对其进行筛选。保留其中对今后工作或者科学研究有参考、利用价值的，这样的文件才可以转化成档案。可见，档案是文件筛选过后留下的精髓。最后，档案必须是整理过后形成的有序的、完整的文件材料，不是杂乱无章的、没有条理的。换句话说，必须将文件材料按照一定的方法有机地进行整理，才能使其成为有意义的档案。

三、档案的一般作用

档案的一般作用是指档案价值的外在和具体表现形式。档案产生于丰富的社会实践中，能够广泛地满足社会需求，因此，它的一般作用是很广泛的。

（一）机关工作的查考凭据

档案是机关工作的参考证据。档案是各种机关、单位过去活动的真实记录，它是任何机关单位连续工作必须查考的凭据。各种机关单位为了有效地实行管理，必须切实地掌握材料。档案可以为机关、企事业等单位的领导工作和业务管理，提供证据和咨询资料，借以熟悉情况、总结经验、制定计划、进行决策、处理各种问题。若是只凭借工作人员的记忆处理各项工作失误而没有任何凭证，那极有可能造成工作的不准确。

（二）生产活动的参考依据

档案脱胎于社会生活实践，在记载史实情况的同时，自然也会有反映自然环境、生产条件、社会发展、劳动经验等方面的内容。以上这些都可以在人们进行生产活动时加以参考、参谋。

（三）科学研究的可靠资料

任何一种研究都必须以广泛地占有资料为基础，以资料的真实可靠性为前提。在科学研究中，档案不但能通过原始的记录提供直接借鉴，而且可以通过分析、概括、总结、实验等手段获得间接参考，由此可见，科学研究必然离不开档案。

（四）政治斗争的必要手段

档案总是在一定的社会制度中产生，由一定的阶级和政治集团形成，它记录和反映了社会上各阶级、政治团体等各方面的情况，档案历来是阶级统治和政治斗争的必要手段。

（五）宣传教育的生动素材

和其他宣传材料相比，档案以原始性、直观性、具体性和生动性等特点见长。利用档案著书立说、报告演讲、进行文艺创作、举办各种展览等将具有强烈的说服力和感染力。

（六）文化传承的珍贵资料

一般而言，时间和作用范围成正比。档案在形成之初的相当一段时间内，主要是对形成者本身有用，是为形成单位工作和生产活动提供查考利用，档案发挥作用的主要对象是本单位。随着时间推移、社会的不断发展，档案在本单位的现行效用会逐渐降低，档案进入档案馆管理阶段后，利用服务的范围向社会扩展。与此同时，社会各界对这些档案的利用需要日益增强，人们有时候不仅仅需要利用自身的档案，还可能需要借助其他档案的帮助。在这种情况下，档案就逐渐变成了一种隐性财富。

四、档案的价值及其实现规律

（一）档案的价值

档案的价值一般体现在以下几个方面。

1. 档案的凭证价值

档案的凭证价值是指档案作为证据作用的价值。档案的凭证价值与其原始性密切相关。档案之所以具有凭证价值，是由档案形成规律和档案自身的特点所决定的。

从档案形成过程及其结果上看，档案是从社会实践中诞生的，是被直接记录的，而不是在事后或者需要的时候编纂的、捏造的，因而具有客观性、真实性，足以令人信服。

从档案本身的物体形态上看，文件上保留着真切的历史标记：当事人的亲笔签署或者批示，机关或个人公章，原来形象的照片、录像和原声的录音等。这些就成为日后查考、研究、争辩和处理问题的依据。

2. 档案的参考价值

档案的参考价值是指档案作为借鉴作用的价值。档案的参考价值与其记录性息息相关。

档案不仅记录了历史活动的事实和经过，而且记录了人们在各种活动中的思想发展。档案中有成功的经验和失败的教训，有思想观点和实验观察数据，有社会的变革和生产的发展，这些都可以为后来的人们提供借鉴，使人们在工作和学习中少走弯路，更加快速地达到目的。

（二）档案价值实现规律

档案价值的实现有一定的规律，具体如下。

1. 作用范围的递增性

档案对机关的作用一般称为档案的第一价值，对社会的作用则称为档案的第二价值。档案形成以后，在相当长时期内是作为机关、企业、事业等单位的工作活动必不可少的查考依据，档案发挥作用的对象和范围主要是档案形成者自身。这一阶段，档案的利用频率往往比较高，是发挥档案现实作用的重要时期。我国为数众多的档案室，是实现档案第一价值，并为实现档案第二价值奠定基础的重要场所。

档案的第一价值实现到一定程度后，形成机关对这些档案利用的现实需要会逐渐淡化。档案在本单位保管若干年后，其作用便冲破原有的形成单位而扩展到国家和社会，过渡到第二价值。

2. 机密程度的递减性

档案随着人类社会活动而产生，人们的某些活动，涉及国家或个人的利益、安全及隐私，在一定时期或范围内不能公开，档案是有一定的机密性的。档案的机密性要求将档案的阅读和了解控制在一定的时间或范围内。档案的机密程度在确定之后并非一成不变的，从总体上讲，随着时间的推移，档案的机密程度将会越来越小，档案的保管时间与机密程度成反比，机密程度呈现递减趋势。

3. 作用的转移性

档案在行政领域内发挥的作用称为行政作用，在科学文化领域内发挥的作用称为科学文化作用。随着时间的推移，档案的行政作用会不断减弱而科学文化作用会不断增强。

就宏观的档案领域而论，档案行政作用和科学文化作用一直是同时存在的。但从微观的特定部分的档案来看，这两种作用并非始终均衡地存在。档案的前身——文件是以处理现行事务为目的的，文件转化为档案之初，档案主要面向立档单位服务并主要作为查考凭据和业务活动的参考依据而指导工作、参与管理，发挥行政作用。随着时间的推移，保存时间较长的档案与现行事务的联系越来越少，档案发挥作用的范围和主要方面都会逐渐发生变化，其作用范围会逐渐扩大到面向社会，由主要工作的查考凭据和业务活动的参考依据逐渐转变到主要作为科学研究的可靠资料和宣传教育的生动素材，从而使档案的科学文化作用跃居首位。

4. 发挥作用的条件性

档案价值的实现，受到一定的环境和条件的制约和影响。综合起来，影响档案价值实现的环境一是社会政治环境，主要包括社会制度、法律法规、国家方针、政策和战争等环境。二是社会经济文化环境，包括国家和地区的经济和文化的发展水平。一般经济文化发达地区社会文明程度较高，档案事业就比较先进，社会档案意识就高，社会对档案的利用要求较多。三是档案工作内部环境，包括档案管理水平、档案学理论研究水平、档案工作者素质等。所有这些都在一定程度上影响着档案价值的发挥。

第二节　档案管理的含义

一、档案管理含义

档案管理亦称档案工作。是档案馆（室）直接对档案实体和档案信息进行管理并提供利用服务的各项业务工作的总称，也是国家档案事业最基本的组成部分。

二、档案管理的对象

档案管理的对象是档案，服务对象是档案利用者，所要解决的基本矛盾即是档案的分散、零乱、质杂、量大、孤本等状况与社会利用档案要求集中、系统、优质、专指、广泛之间的矛盾。社会对档案需求的满足程度取决于档案管理水平的不断提高，档案管理水平则要适应不断增长的社会需求。二者处在从不适应到适应的不断矛盾过程中，从而推动档案管理工作向前发展。从几千年档案管理的历史来看，档案管理是由非独立系统到独立系统、由简单管理到复杂管理、由经验管理到科学管理、由手工管理到计算机管理、由封闭系统到开放系统而发展的。

三、档案管理的性质作用

档案管理就其基本性质和主要作用来说，是一项管理性的工作，服务性的工作，政治性的工作。档案管理工作不生产物质财富，档案主要也不由档案管理机构和档案工作人员产生和利用，它是专门负责管理各部门形成的历史文件的一种专业，所以是管理性的工作。但是档案管理系统不是孤立的，而是各项社会管理系统中不可缺少的组成部分。通过提供档案信息为社会实践服务，是档案管理工作区别于其他工作的特点之一。档案部门虽然也研究档案、进行编著等活动，但其目的还是为了更好地适应社会的利用需要，仍具有服务性。在社会历史的各个阶段，档案管理工作都必然为一定的经济、政治、文化服务，否则就不会存在，也难以发展。在阶级社会中，档案管理工作体现一定的阶级关系和阶级利益，为一定的统治阶级所掌握，为一定阶级的经济、政治和文化服务，这个服务方向是档案管理工作政治性的集中表现。由于档案的内容关系到国家的政治利益和经济利益，所以中外任何国家对档案管理都有一定的保密要求，一部分档案不对外开放，而多数档案则要在规定期满后才开放。这种机要性也是档案管理工作的一种性质。

进行档案管理工作，要遵循集中统一管理国家档案，维护档案的完整与安全，便于利用的原则。集中统一指国家全部档案要由国家设立的各级各类档案保管机构分别集中保存，并制定统一的法规进行管理。维护完整有两方面的含义：一是从数量上要保证档案齐全，不致残缺短少；一是从质量上要保持档案的有机联系，不能人为割裂分散或零乱堆砌。维护安全也有两方面的含义：一是力求档案本身不受损坏，尽量延长档案的寿命；一是保护档案免遭有意破坏，档案机密不被盗窃。便于利用是全部档案管理活动的最终目的，也是检验档案管理工作的一个标准。档案是历史的见证，都反映一定的历史事实，不允许任意篡改或修正，所以维护档案的真实性，保持档案的原貌，也是档案管理工作必须遵循的原则之一。

档案管理系统是整个国家文献信息系统的组成部分之一，在构成整个社会的科学能力中占有重要地位，成为社会信息系统的基石。档案管理不仅对局部单位的工作和生产有意义，对整个社会也有意义，不仅具有当前的、现实的意义，也具有长远的、历史的意义。

四、档案管理现状

社会现代化的发展，办公自动化、无纸化等事物的出现，使档案的生成方式发生很大变化。其档案管理在系统中，诸如文件的起草、签发、催办、归档等运作过程在计算机和通讯线路中进行，这样档案的前身必须以机读文件为主要形态，那么档案也自然以机读形式存在，这些档案的利用方式与纸质载体档案的利用方式有很大差异。这种变化预示着档案工作者将面对更多的机读形式以磁盘为载体的档案。广大信息检索者关心的是信息的内容，这些信息可能来自不同的机读形式的档案中。把这些档案信息综合系统地提供出来是档案工作者义不容辞的责任。不失时机地提供有价值的档案信息。必须有一个精选的过程，使得机读形式的档案信息具有系统性，真实性、有价值性，用户才能获得更为完善的服务。由此看来，档案信息电子化是档案利用工作发展的必然趋势。

（1）社会的现代化发展管理软件缺乏统一性。档案部门使用的计算机型号不一，规格各异，各自开发的软件不能互用，并且没有一个既适用于文件检索又可用于档案信息管理的计算机管理软件系统，由于不能互调，就不能利用电脑完成信息管理工作，不能快捷地出版信息编辑成果，这制约了档案信息电子化的进程。

（2）档案管理基础工作标准化规范化仍需改进。档案信息管理电子化的前提是基础工作的规范化和标准化。但由于历史原因，馆藏档案业务基础差。案卷质量不高，特别是各类档案的著录细则相容性不强，系统软件移植性差；档案自动化工作尚无统一标准，仅着眼于某一个馆或某个专业系统，无法全面实施、推广统一标准，这也制约了档案信息工作电子化。

（3）档案管理的技术标准，组织工作程序标准未从计算机信息处理技术特点和发展考虑，越来越多的归档"文件资料"是磁盘、光盘，现行的档案整理、分类方法、著录标准及有关规定已不能完全适应。

（4）档案信息管理人员的素质有待提高。实现档案信息电子化。首先要有现代化的人，管理人员要有较高的知识层次和先进技术水平，不能仅仅满足于一般的计算机操作。许多档案部门缺乏现代高技术人才，其中档案、信息处理复合型人才就更奇缺，大部分档案人员现代技术水平偏低。甚至有现代文盲现象。尽管引进了现代化设备，仍不能充分发挥作用，就谈不上档案信息电子化了。

第三节 档案工作的原则与性质

一、档案工作的原则

"档案工作实行统一领导、分级管理的原则，维护档案完整与安全，便于社会各方面的利用。"这是《档案法》第一章第四条条款。

可以看出，我国用国家法律的形式确定了我国档案工作的基本原则。事实上，这一基本原则，是在长期的档案工作实践过程中逐步形成和确定下来的。我国档案工作原则的内容由三个互相联系的有机组成部分构成。

（一）统一领导，分级管理

统一领导，分级集中地管理国家全部档案，这是、我国档案工作的组织原则和管理体制，它是多年来行之有效的档案和档案工作"集中统一管理"原则的继续和发展。其基本内容可以概括为如下三个方面。

1. 统一领导，统一管理

档案工作统一领导是指各级人民政府统一领导档案工作，国家档案工作由国务院直接领导，地方档案工作由地方各级人民政府统一领导。《档案法》规定："各级人民政府应当加强对档案工作的领导，把档案事业的建设列入国民经济和社会发展计划。"

档案工作统一管理是指中华人民共和国国家档案局（以下简称国家档案局）对全国档案工作进行全面规划，统筹安排，制定统一的档案法规和业务标准、规划等，对全国的档案工作分级、分专业管理。

2. 档案工作由各级档案行政管理机构统一、分级、分专业管理

统一管理是指国家档案行政管理机关主管全国档案工作，对全国档案工作实行全面规划和统筹安排，制定统一的档案法规、方针政策和业务标准，实行统一的监督、指导和检查。

分级管理是指全国档案工作由各级档案行政管理机关分层负责管理。各地方档案行政管理机关，应按照国家有关档案工作的统一要求和规定，结合本地情况，制定本行政区域内的档案工作规划、制度、标准、办法等，对本行政区域内的档案工作进行指导、监督和检查。

分专业管理是指中央各专业主管机关在国家档案行政管理机关的指导下，针对本专业系统的特点，制定本专业系统档案工作的规划、制度和办法，并对本系统的档案工作进行指导、监督和检查，保证国家有关档案工作的方针政策在本专业系统地贯彻执行。

3. 实行党、政档案和党、政档案工作的统一管理

实行党、政档案和党、政档案工作统一管理，是我国档案工作管理体制区别于世界各国的特点之一。

我国党、政档案及档案工作统一管理的具体内容是：一个单位的党、政、工、团档案，由该单位档案室统一管理；各级党、政机关形成的具有长久保存价值的档案由中央档案馆和地方综合性档案馆统一管理；党的系统、政府系统的档案工作，由档案事业管理机关统一进行指导、监督和检查。

（二）维护档案的完整与安全

维护档案完整与安全，是档案管理的基本要求。只有维护档案完整与安全，才能维护党和国家的历史面貌，才能保证对档案的有效利用。

1. 维护档案的完整

维护档案的完整包括档案材料收集齐全和整理系统两方面：所谓收集齐全，是指凡是有保存价值的档案，都要求尽量收集齐全，不残缺，能反映出一个单位、一个系统、一个地区和整个国家社会活动的历史面貌。所谓整理系统，是指凡是有保存价值的档案，必须按照它们的形成规律，系统地整理，维护档案的有机联系，不能人为地割裂分散，或凌乱堆放，要能全面、系统地反映出一个单位、系统、地区和整个国家从事社会活动的过程和本来面貌。

2. 维护档案的安全

维护档案的安全有两方面的含义：一方面是档案实体的安全，另一方面是档案内容的安全。档案实体安全，就是在档案管理过程中，要求尽力改善档案保管条件，采用科学的防护措施，使档案不受损坏，尽量延长档案的寿命。维护档案内容的安全，就是指档案在政治上、信息上的安全，要求对档案机密和需要控制使用的档案实行严格管理，确保机密档案不丢失、不泄密、不超范围扩散。

维护档案的完整与安全，是对整个档案工作的要求。从一定的意义上说，整个档案管理都是在进行维护档案的完整与安全的工作。维护档案的完整和安全不仅是档案保管工作的主要任务，也是档案收集、统计工作的重要任务之一，而档案整理和鉴定工作也直接有利于档案的完整与安全，就是档案的利用工作也必须在保证档案的完整与安全的条件下进行。由此可见，维护档案的完整与安全，是在档案工作中贯彻始终的一种要求。档案工作的一切管理原则、规章制度以至具体的技术处理工作，都必须贯彻这个要求。

（三）便于社会各方面的利用

档案能不能成为档案，还要看它是否能被社会各方面利用，只有达到这个标准，才能称之为合格的档案，而档案工作的核心是档案，自然也要以档案该性质为工作核心。可以说，档案工作都是以此为目的展开工作，并始终将这一思想贯穿在整个过程之中。

档案工作者只有牢记档案工作的根本目的，明确衡量档案工作成效的主要标准，才能较为妥善地处理档案工作内外关系中的各种矛盾，把档案工作做得更好。在档案工作基本原则中统一领导、分级管理是核心，没有统一领导、分级管理的组织保证就不会有档案的完整与安全，也就很难实现便于社会各方面利用的目的；维护档案的完整与安全是手段，便于社会各方面利用档案是目的，前者为后者提供保证和物质基础，而后者是前者的目的和方向。

综上所述，我国档案工作的基本原则，是一个辩证统一的有机整体，具有丰富的思想内容。它作为全部档案工作的最基本的原则，影响和决定着档案工作各个环节的一切具体原则和方法。在档案工作中，必须始终遵循这个基本原则，才能使档案工作正常地进行，健康地发展。

二、档案工作的性质

档案工作是一项很重要的专门事业，是实现社会主义现代化建设，开展历史研究，进行各项工作的必要条件。做好档案工作，不仅是当前工作的需要，而且是维护党和国家历史真实面貌的重大事业。

（一）档案工作是一项管理性的、科学性的工作

从档案工作自身来说，它属于一种管理性的、科学性的工作。它又以专门的工作内容及其特点，区别于其他管理工作。

一方面，就总的档案工作看来，它是一项专门业务。档案工作不生产物质财富，也不直接从事国家管理、进行决策及其他专业活动，档案主要也不由档案工作机构和档案工作人员产生和利用；档案工作是专门负责管理各部门形成的历史文件的一种独立的专业，属于国家科学文化事业的组成部分。国务院《关于加强国家档案工作的决定》中规定："档案工作的任务就是要在统一管理国家档案的原则下建立国家档案制度，科学地管理这些档案，以便于国家机关工作和科学研究工作的利用。"

我们可以看到，对档案的管理并不只是简单的保存、出纳，而是必须采取一套行之有效的科学的、规范的管理方法，使其处于有机整体之中，对其甄别、筛选、归纳都有据可依、有迹可循，使其满足社会各方面的利用。总之，档案管理离不开科学的考证、系统的整理，具有极强的科学性。

另一方面，从特定的部门、一定单位的档案工作看来，它又是某种工作管理的组成部分。档案，就其保存和流传归宿的程序，可以分作档案室阶段和档案馆阶段。档案室保存的档案，是本单位进行职能活动的历史记录。在档案室保存的阶段中，由于日常工作经常查考，所以档案参与单位管理活动。因此，档案室工作，也就是相应的工作活动的内容之一。在不同的机关、不同档案的管理，属于不同工作的管理范围，如会计档案工作和干部档案工作，分别为财务管理和干部管理工作的一部分。科技档案工作，则是生产管理、技术管理、科研管理的重要组成部分。

鉴于档案管理是一项科学性的工作，这也就要求档案工作人员必须具有相关的科学知识。首先，一个档案工作人员必须具有档案学相关的知识，尤其是要熟练掌握档案管理的理论、方法与技巧，这是一个专业的档案工作人员必须具有的专业基本功。同时，也要学习和掌握有关的（起码与所藏档案相应的）历史知识和部门专业知识，特别要具备识别、研究和系统地管理档案的能力；其次，也要学习和掌握与档案管理有关的一般科学文化知识，特别要具备运用于档案管理的各种方法和管理手段所需要的基础知识。应该指出，档案工作要积极地、逐步地学习和掌握档案管理现代化的知识和技能，以适应社会主义现代化建设对档案工作新的迫切需要。

（二）档案工作是一项服务性的、条件性的工作

从档案工作同其他工作的关系来说，它属于一项服务性的、条件性的工作。很多时候，社会主义事业发展需要档案提供信息，档案部门正是为此服务。其日常对档案的研究、编著，都是为了社会各方面在使用档案的时候能够更加便捷、方便、全面、准确，保证党和国家各项工作有充足的资料得以开展。以上种种也足以表明档案工作有着举足轻重的社会地位，它将社会主义各项事业有机地、有序地联系在一起，并为党和社会各项事业提供保障、参谋的服务，是一项完全的后勤性质的服务工作。

档案工作的服务性，是档案工作赖以存在和发展的基本因素。回望历史发展过程，无论在哪个历史阶段，档案都是在为了政治、经济、文化服务，这些既是档案的服务对象，也是其得以发展的依赖，否则档案就没有存在的必要和基础。翻看古今中外档案发展的历史，基本都是沿着这样的规律发展进行的。再看一看中国，自新中国成立以来，档案工作的服务对象一直是社会主义事业，在社会主义事业的推动下，档案工作也得到了极大发展，但是囿于某些历史因素，档案工作有时不但没有发挥其作用，得到发展，反而出现了停滞或者倒退的现象。如今，我国进入社会的新发展时期，国家和社会各方面都开始越来越重视档案工作，这是因为各行各业对档案的需求越来越大，其发展有赖于档案的帮助。档案的服务作用得以更充分地发挥。

（三）档案工作是一项政治性的工作

从档案工作在政治斗争中所起的作用来说，它是一项具有政治性的工作。中国共产党中央委员会《关于建国以来党的若干历史问题的决议》中指出，在剥削阶级作为阶级消灭以后，阶级斗争已经不是主要矛盾。由于国内的因素和国际的影响，阶级斗争还将在一定范围内长期存在，在某种条件下还有可能激化。既要反对把阶级斗争扩大化的观点，又要反对认为阶级斗争已经熄灭的观点。我国的档案工作不是一般的服务性行业，在国内外的政治斗争中，档案工作总是巩固人民民主专政、维护国家机密和历史财富的重要阵地之一。

档案工作的服务方向是档案工作政治性的集中表现。回顾历史可知，档案工作从来就不是独立的，它被控于一定的阶级手里，为当时环境下的政治制度、发展路线服务。今天，我们处于社会主义社会，而档案工作为谁服务这个问题仍旧不可轻视，一旦处理不好，极有可能造成非常严重的政治后果，因此必须严阵以待。我们能确定的是，在社会主义的今天，档案工作的进行必须坚持四项基本原则，必须把工作着重点切实地转移到为以经济建设为中心的社会主义现代化建设服务中来。

档案工作的机要性也是档案工作政治性的表现之一。所谓机要性，这不仅仅是因为档案自身固有的特点，更是源于国家的利益。查阅古今，环顾中外，保密可谓是档案工作一直以来的要求。就拿我国来说，政治、经济、科学技术、军事等方面的档案大多都是保密的。国际上的反动势力和我国的敌对分子对这些保密的部分都虎视眈眈，觊觎窥探。由于科学技术飞速发展，窃密与反窃密斗争更为尖锐复杂，尤须提高警惕。不仅仅是面对外部情况，在我们国家内部，有些档案也是要保密的，不能对所有人公开，有的档案甚至要一直保密。这是因为有的档案一旦公开会不利于社会稳固、人民团结，会对社会主义事业的建设造成破坏。鉴于此，档案工作者必须时刻不动摇保密观，从各个方面利用各种手段对党和国家的机密进行维护。

人们历来都将档案资料视为历史，而这历史的记录中不乏篡改历史与维护历史真实性的斗争。回顾中国历史，有的人为了一党之利篡改、歪曲历史，但是也有不少忠良、正直之人不畏强权依史记录。排除历史和阶级的局限性来看，秉笔直书、据实立档才是档案工作的主流。不仅仅是历史，社会现实也在告诉我们，出于政治利益或者某些原因，篡改历史的行为依旧存在。作为历史史实的"第一手资料"，档案工作必须保持绝对的客观性、真实性，只有这样才能维护、再现历史的真实面貌，保证党和国家的形象表里如一。鉴于以上内容我们可以知道，做好档案工作是一项基于社会现实的、与历史发展同步的、绵延千万年的重要事业。

维护党和国家历史的真实面貌，是一种严肃的政治斗争。档案工作者必须加强党性，坚持辩证唯物主义和历史唯物主义，实事求是，要有立档不怕杀头的精神，保护档案的真迹不受破坏和歪曲；应当积极地提供档案用以编修史志，用档案印证历史，校正史实，使档案得到正常的利用；要同一切破坏档案、歪曲历史的行为进行坚决的斗争。

第四节　档案工作的组织体系与制度建设

一、档案工作的组织体系

（一）档案室

1. 档案室的性质

档案室是各组织（包括机关、团体、学校、工厂、企业、事业单位等，下同）统一保存和管理本单位档案的内部机构,是整个机关的组成部分,属于单位管理和研究咨询性质的专业机构。党、政、军等机关单位的档案室,又是机关的机要部门之一,具有机要部门性质。从全国档案工作来说,档案室又是国家档案工作组织体系中最普遍、最大量、最基层的业务机构,应向各级国家档案馆移交具有长远保存价值的档案。

2. 档案室的地位和作用

(1) 档案室是机关、团体、企业事业单位的一个不可缺少的内部组织机构

档案室是机关、团体、企业、事业单位内具有参谋和咨询作用的部门,是机关工作的助手。档案室为机关的领导工作和机关内各部门的工作提供参考和依据的档案材料,为机关的工作和生产活动服务,它是提高机关工作效率和工作质量的必要条件,是维护机关历史面貌的重要机构。

(2) 档案室是整个档案工作的基础

档案室是国家全部档案不断补充的源泉,整个国家档案的完整程度和连续积累,首先决定于档案室。在全国档案、工作组织体系中,档案室是档案形成后首先提供利用,大量发挥现实作用的前哨。档案室中具有长远利用价值的档案最终要过渡到档案馆,因此档案室档案工作的好坏直接关系到档案馆档案质量的高低。

3. 档案室的职责

档案室的职责包括以下内容。

(1) 贯彻执行有关法律、法规和国家有关方针政策,建立、健全本单位的档案工作规章制度。

(2) 指导本单位文件、资料的形成、积累和归档工作。

(3) 统一管理本单位的档案和相关资料,积极组织提供利用。定期把具有长远保存价值的档案向有关档案馆移交。

(4) 监督、指导所属机构的档案工作。

(二) 档案馆

1. 档案馆的性质

档案馆属于党和国家的科学文件事业机构,是永久保管档案的基地,是科学研究和各方面工作利用档案史料的中心。我国多数档案馆是统一保管党组织和政府机关档案的管理部门,所以它既是党的机构,又是国家的机构。根据有关文件的规定,各级档案馆是各级党委和人民政府的科学文化事业机构。

2. 档案馆的主要职责

中央和地方各级国家档案馆，是集中保存、管理档案的文化事业机构，由中央和地方各级档案行政管理部门或者有关部门归口管理，主要职责包括以下内容：

（1）收集和接收本馆保管范围内的对国家和社会有保存价值的档案。

（2）采取各种形式开发档案资源，为社会利用档案资源提供服务。

3. 档案馆的类型

档案馆的类型主要有以下四种。

（1）综合档案馆

综合档案馆是按照行政区划或历史时期设置的管理规定范围内多种门类档案的具有文化事业机构性质的档案馆。这种档案馆中，按照行政区划设置的，如四川省档案馆、北京市档案馆等；按照历史时期设置的，如中国第一历史档案馆、中国第二历史档案馆等。

（2）专业档案馆

专业档案馆是管理特定范围专业档案的档案馆，它可以按照载体形态设置，也可以按照某一专门领域设置。这种档案馆中，按照载体形态设置的，如中国电影资料馆、中国照片档案馆；按照某一专门领域设置的，如吉林省地名档案资料馆。

（3）城市建设档案馆

城市建设档案馆是以城市为单位建立，接收、保存城市范围内于城市规划、建设、维护、管理活动中形成的需要长远保存的档案的科技事业单位。根据国家要求，我国 20 万以上人口的大、中城市必须建立城市建设档案馆，如成都市城市建设档案馆。

（4）部门档案馆

部门档案馆是专业主管部门设置的管理本部门及其直属机构档案的档案馆。这种档案馆如中华人民共和国外交部档案馆等。

（三）档案行政管理部门

1. 档案行政管理部门的性质

档案行政管理部门是具有政府行政管理职能的档案事业管理机构。档案行政管理部门本身并不直接管理档案，它是监督、指导和检查档案工作的行政机关。

2. 档案行政管理部门的地位和作用

档案行政管理部门是我国档案工作组织体系中的行政系统，是国家档案事业的组织和指挥中心。国家授权各级档案行政管理部门管理国家档案事务，它在整个档案事业发展中起着决策、规划、组织、协调、监督、指导和检查的作用。

3. 档案行政管理部门的基本职责

《档案法》规定："国家档案行政管理部门主管全国档案事业,对全国的档案事业实行统筹规划,组织协调,统一制度,监督和指导;县级以上地方各级人民政府的档案行政管理部门主管本行政区域内的档案事业,并对本行政区域内机关、团体、企业、事业单位和其他组织的档案工作实行监督和指导;乡、民族乡、镇人民政府应当指定人员负责保管本机关的档案,并对所属单位的档案工作实行监督和指导。"

4. 档案行政管理部门的类型

（1）国家档案局

国家档案局是国务院直属的掌管全国档案事务的职能机构,1954 年 11 月 8 日,经第一届全国人民代表大会常务委员会第二次会议批准成立。

（2）地方档案局

地方档案局是各省（自治区、直辖市）、市（地区、自治州、盟）、县（区、旗）人民政府直接领导的掌管本行政区划内档案工作事务的职能机构,它在业务上受上级档案局指导。

（3）档案处（科）

中央和地方专业主管机关及军队系统,都设置有档案处、科,负责对本系统各单位档案工作进行监督、指导和检查。它们在业务上受国家档案局统一指导,地方专业主管机关的档案工作,受地方档案局业务指导为主,同时接受上级专业主管机关的业务指导。

（四）新型档案机构

最近几年,在我国出现了一些新型档案机构,其中较为突出的是文件中心、档案寄存中心、现行文件中心和档案事务所（也称档案咨询中心）。这些机构中,除个别文件中心,一般都属于商业化的档案中介机构。

1. 文件中心

文件中心是一种社会化、集约化和专业化的档案管理机构。文件中心不同于档案室,并不是一个单位内部的档案管理机构,而是介于单位和档案馆之间的一种过渡型的档案管理机构。随着我国档案管理体制的改革,这种类型的档案管理机构将会得到进一步的发展。

2. 档案寄存中心

档案寄存中心是由国家综合档案馆设立的,为各类企业、社会组织以及个人提供文件与档案寄存服务的机构。目前设立的档案寄存中心基本上都属于有偿服务性的机构。它主要为不具备充分保管条件的企业单位、破产单位、社会团体、公民个人等，提供文件与档案的寄存服务。档案在寄存中心保存期间，所有权形式不变。档案馆一般只提供安全保管服务。

3. 现行文件中心

现行文件中心是指在档案行政管理机关管理之下，收集、集中行政机构的现行文件，为社会各界查询、了解政府在社会管理事务方面现行政策、规定提供政务信息服务的内部机构。现行文件中心是一种宽泛的称谓，在我国档案界开展现行文件服务的过程中，称呼也各不相同，如现行文件查阅服务中心、文档资料服务中心、文件资料服务中心、现行文件阅览室等。

4. 档案事务所

档案事务所是指提供档案事务服务的一种商业性档案服务机构，是一种独立经营、独立核算、自负盈亏的企业型单位。档案事务所的业务范围，主要是开展档案业务的指导、咨询，以及各种档案的劳务性服务（如技术示范，承揽档案整理、修复、数字化加工，档案文化建设，档案管理软件定制业务等）工作。

（五）档案工作的辅助机构

档案工作的辅助性机构主要有以下几种。

1. 档案专业教育机构

档案专业教育机构是为档案工作培养和输送合格的档案专业人才的机构。这些机构主要有综合性大学内设置的档案学院、系、专业，以及档案中等专业学校和档案行政管理部门设置的档案干部培训中心等。

2. 档案科学技术机构

档案科学技术机构是研究档案学基础理论和档案工作应用科学技术的机构。这些机构主要有档案行政管理部门设置的档案科学研究所、综合性大学设置的档案学研究室，以及中国档案学会及其各省、市的分会等。

3. 档案宣传、出版机构

档案宣传、出版机构是通过各种宣传工具和出版物，宣传档案工作，传播档案知识的机构。这些机构主要有国家档案局的档案出版社，以及各级档案部门创办的档案刊物所属的杂志社等。

二、档案工作的制度建设

（一）制度种类

1. 工作规章

（1）明确文件形成、归档责任

机关、企业事业单位在制定有关规章、标准和制度中应提出相应的文件收集、整理和归档的责任要求。

（2）制定档案工作规定

档案工作规定是本单位档案工作的基本要求，其主要内容应包括档案工作原则及管理体制，文件的形成、积累与归档职责要求，档案收集、整理、保管、鉴定、统计、利用要求等。

（3）建立档案工作责任追究制度

对相关岗位人员违反文件收集、归档及档案管理制度，发生档案泄密、造成档案损毁等行为，单位应提出责任追究和处罚措施，并将有关要求纳入相关管理制度。

（4）制定档案管理应急预案

对可能发生的突发事件和自然灾害，应制定档案抢救应急措施，包括组织结构、抢救方法、抢救程序、保障措施和转移地点等。对档案信息化管理软件、操作系统、数据的维护、防灾和恢复，应制定应急预案。

2. 管理制度

管理制度用来明确档案工作业务环节及重要专项工作管理的基本要求，主要包括以下制度。

（1）文件归档制度

应明确文件归档范围及保管期限、归档时间、归档程序、归档质量要求。

（2）档案保管制度

应明确各门类档案保管条件、特殊载体档案保管方式、档案清点检查办法、对受损档案的处置办法、档案进（出）库要求、库房管理要求和库房管理员职责。

（3）档案鉴定销毁制度

应明确鉴定、销毁工作的组织、职责、原则、方法和时间等要求。

（4）档案统计制度

应明确统计内容、统计要求和统计数据分析要求。

（5）档案利用制度

应明确档案提供利用的方式、方法，规定查（借）阅档案的权限和审批手续，提出接待查（借）阅档案的要求。

（6）档案保密制度

应明确档案形成者、档案管理者、档案利用者应承担的保密责任。

（7）电子档案管理制度

应对本单位各信息系统中形成的电子文件提出归档、管理和利用要求。

（8）档案管理系统操作制度

应明确档案管理系统操作人员的职责，档案管理系统软件、硬件的操作要求。

3. 业务规范

业务规范主要用来明确不同门类和载体形式档案管理的基本要求，主要包括以下几种。

（1）文件档案整理规范：应明确文件整理与档案整理原则、整理方法、档号编制要求和档案装具要求等。

（2）档案分类方案：应明确分类原则、依据、类别标识、类目范围等。

（3）文件归档范围和保管期限表：应明确各类文件归档的范围及其相对应的保管期限。

（4）特殊载体档案管理规范：应明确不同载体档案收集、整理的要求和保管条件。

（二）制度建设要求

1. 依法依规

档案工作规章制度制定的依据主要包括、《中华人民共和国档案法》，《中华人民共和国档案法实施办法》，国家档案局颁布的档案行政规章，国务院各部委和国家档案局联合颁布的档案行政规章，国家、本市印发的各类业务规范标准，档案行政规范性文件以及其他与档案工作有关的法律法规，如《中华人民共和国保守国家秘密法》《中华人民共和国著作权法》等，任何单位和组织制定的档案工作规章制度都不得与之相抵触。

2. 切合实际

制定档案工作规章制度应以管得住、易操作为原则，不必一味求大求全。就规章制度类别来看，工作规章是一个单位依法开展档案工作的根本依据，其基本要求应当纳入单位的规章制度及考核内容中。而管理制度和业务规范既是工作依据，又指导实际操作，着重解决"做什么"和"怎么做"的问题，应当根据一个单位档案工作的具体情况制定。如收集、整理、归档、保管、利用、安全保密等工作是档案业务的重要环节和要求，关系到档案的完整、系统和安全，有必要通过制变来明确责任和工作流程，作为各部门、处室共同遵守的行为准则，因此，这些是开展档案工作必须建立的工作制度。又如档案检索、统计、编研等业务工作主要由档案机构专职人员承担，对一个单位其他部门和人员来讲不具有普遍约束力。因此，可根据单位性质、规模等具体情况选择制定或纳入档案工作规定中一并制定。再如特殊载体档案、专门档案等有其管理的特殊要求，应当结合本单位档案分类方案及业务活动实际，分门别类，逐步建立健全，确保不留管理空白。

3. 保持相对稳定

档案工作规章制度具有稳定性特点，尤其是涉及文件和档案整理等方面要求的，如档案分类方案、归档文件材料整理规范等，一旦作为工作制度确立下来，短时间内不要轻易改变，否则容易造成档案分类和文件整理标准前后不一致，给今后档案调阅和查考带来不便。

4. 适时修订完善

随着国家新标准、新规范的出台以及档案行政规范性文件有效期届满修订等工作的开展，尤其是信息技术的发展和无纸化办公的推进，对电子文件归档管理、电子档案管理、传统载体档案数字化、档案信息安全保密等工作提出了新要求。因此，档案工作制度也必须适应新形势要求，适时调整和补充完善。

第二章　　档案管理的管理范围

第一节　　档案管理中的管理维度

一、管理维度的定义

维度，又称维数，英文一般翻译为 dimension（可理解为维度、方面），拉丁语为 dimensio。维度在数学中表示独立参数的数目；在物理学中指独立时空坐标的数目；而在哲学等领域内，维度表示具有共同特征的一些事物所构成的特定区域，此时的维度是指一种视角，而不是一个固定的数字，是一个判断、说明、评价和确定一个事物的多方位、多角度、多层次的条件和概念。

所谓管理维度，是在对管理活动要素类型进行剖析的基础上，对管理活动空间范围和视角方位的具备程度、判断条件和评价标准的表示，即对管理活动赖以存在的内外条件予以描述、判定和评价的概念集合。对管理维度进行描绘与构架时，一般要从两个以上具有互斥性的视角予以划分和考察，所以管理活动包含于管理内容、管理资源和管理方式三个主要维度之中。

二、管理维度分析的背景与意义

人类社会产生伊始，出于生存和发展的需要，在人们的集体协同作业中，各类自发的或自觉的管理活动应运而生，与此同时，管理思想也开始萌芽和发展；19 世纪末 20 世纪初，随着工业化大生产程度的显著提高和社会经济活动的日益繁荣，管理愈发得到重视，对管理活动的研究遂成体系并得以蓬勃发展，直至如今仍方兴未艾。而正是这些丰富的管理思想和丰硕的研究成果，为本书对管理维度的分析和探讨奠定了基础。

一般认为，管理学科的创建是以泰勒的科学管理为标志。泰勒以提高劳动生产率为目标，通过工时和动作研究，制定出有科学依据的工人合理工作量和合理化的操作方法，将劳动和休息时间、工具和作业环境更好地协调起来。和泰勒同一时代的梅奥等人沿用科学试验的方法，在美国西屋电器公司霍桑工厂进行的工作条件、社会因素与生产效率关系的试验，得出社会和心理因素影响劳动生产率的结论，为行为科学研究奠定了基础。自此，管理研究逐步形成了自己的范畴体系，步入了系统、规范的轨道，管理学与哲学、历史等其他古老的学科一样，融为科学研究大家庭一员。

三、管理维度分析对于档案管理理论研究的意义

维度分析能引发对管理学研究视角、方法和理论框架的重新认识和探讨，增强管理学理论的拓展性和开放性，那么，管理维度分析对隶属其中的档案管理理论研究自然也能产生诸多作用和启示，最重要的是，有助于确认和论证档案学的管理类学科属性，有利于提升档案管理理论研究在管理学科群中的地位和影响，并能为有中国本土特色的档案管理理论研究探索一个原创性的突破口，具体有着以下三方面功能。

（一）以管理多维度论证档案管理学的属性和定位

档案学的管理学科属性并非一直以来就为人们所明确和关注，在中国档案管理理论研究史上，就一度将其归属于历史学的辅助学科，（档案学）"为历史研究提供素材"乃至从整体上"为历史研究服务"，并不是中国档案学基本学科结构所体现的功能，而是其学科"衍生结构"（主要如《档案文献编纂学》）的一种价值取向。

20世纪30年代，以文书档案工作改革为主要内容的行政效率运动和明清档案整理热潮合力催生出近代中国档案学，产生了从《公牍通论》到《中国档案管理新论》的十三本档案学旧著。见证着中国档案学形成的这十三本旧著，反映了近代中国档案学的产生、发展情况及其得失特点。而单从书名中基本含有的"管理"二字就可明确得知档案学的学科属性。

档案学是一门管理性质的科学，这是由档案工作实践与历史发展所决定的，是档案事业建设的客观需要，也为中外档案管理理论研究实际与内容所证明的。明确档案学的管理学科性质对档案学的建设和发展具有方向性、战略性意义，是评估过去、展望未来的基点和准绳。

更多学者是基于信息的视角，提出档案学是一门（信息）管理学科。较早论及于此的是《行政学·行政信息管理·档案学》一文，该文作者认为档案文书部门在长期的行政信息处理工作中积累了较为成熟的工作制度、程序、方法和组织规范，而行政信息管理是行政学的重要组成，也是提高行政效率的重要前提，信息管理视角是档案管理理论研究新的内容和生机。

实践性是管理类学科的基本特点，有效性是管理学的基本目标，而知识管理是管理学发展的必然趋势，中国档案学与这三个核心思想是息息相关的，因而其管理学科性质已得到了学界的普遍认同。此外，还分析得出中国档案学不仅具有一般管理类学科的特征，还有着自身特有的价值取向、社会功能和发展规律。

以上都从某一侧面和单一维度对档案学的管理学科属性予以认知和论述，而通过管理维度分析，将档案管理理论研究置身于管理活动的三维结构中，不仅可以更好发掘档案管理理论研究在每个管理维度都有所建树，还可论证档案管理理论研究在管理资源和管理方式两个维度上能够大有作为，有着其他管理类学科所不具备的优势。

（二）档案管理理论研究对管理实践的作用与意义

档案学既是一门管理性质的科学，也是一门应用学科，来源于实践，也必将回归实践。许多学者认为，现在的档案管理理论研究似乎离档案工作实际越来越远，档案管理理论研究主要存在对档案工作现实问题的研究少、对现实问题的非现实化研究多、理论观点移植中的生搬硬套等问题；而有学者在分析档案管理理论研究中的理论脱离实践现象时，更是十分尖锐地指出，一则看到档案的地方看不到学科，二则看到学科的地方看不到档案。前者是指由于档案学是一门应用性较强的学科，研究人员如同处理实际问题那样对待档案学理论，常以随感形式做研究，长于罗列问题和现象，导致有学者指出这种状态的档案学是为"实用经验体系"；后者是指惯于跟风生产出大量的时兴之作，或从其他学科引进技术、公式或原理，与专业实际和工作实践缺乏必要的结合，理论根基匮乏，学科内在研究重点和方向不明，忽视档案专业自身的理论创新发展和知识积累，实践指导性不强。

基于管理维度分析去认识和考察中国档案管理理论研究，不仅能引发对档案管理活动的重新认识和把握，既有助于理解和深度挖掘档案信息资源，又能凸显其对管理的保障作用，有利于减少或避免管理资源重复建设，一定程度上改变对管理资源的浪费或漠视现象，从本源上促进管理资源的最优配置；更能凸显档案管理理论研究在社会和机构管理各个维度中的作用与功能，如对管理活动中文件方式的全面分析和梳理，有助于管理方式的规范与创新，为解决当前诸多社会管理问题提供新的思路和方法，具有实践意义和现实价值。

（三）档案管理学的研究空间和方法要拓展与创新

经过多年的发展，我国档案管理理论研究已经取得比较大的成绩，但也存在着诸多不足。其存在的主要问题归纳为缺乏整体性、缺乏问题意识、缺乏学派、缺乏原创性等四个方面。我国档案管理理论研究整体上开放不够，社会认可度不高，没有抽象出具有中国特色的档案学理论。此外，精品著作少，学术监督缺失，规范性不够，研究成果的低水平重复，标题、内容雷同的论文比比皆是。这些都导致我国档案学理论研究在国际上基本没有话语权。

在管理维度分析的基础上，对档案管理理论研究予以重新审视和梳理，不仅有助于拓展档案学的研究内容，创新其研究方法，还有利于认识和理解档案管理理论研究在管理内容维度上的基础性功能，发掘档案管理理论研究在管理资源建设和保障上的特有优势，同时将文件方式定位为通用的基础性管理方式，还能有效提升档案学在管理科学体系中的地位和影响。

第二节 档案管理中的管理内容

一、管理内容的含义

内容，是事物所包含的实质性事物，即事物内部所含的实质或意义或物件里面所包容的东西，哲学上是指事物内在因素的总和，往往与"形式"相对。

管理内容即管理活动的对象及管理活动所要实现的职能和任务。如档案管理活动中，档案工作者和档案信息自然都是管理内容，而对文件案卷的收集、整理等过程也是管理内容，此外，档案管理机构的职能同样还是管理内容，只是考察的层面和范围不同而已。

二、档案管理理论研究

归于管理内容的档案管理理论研究包括对文件（档案）概念和现象的研究、对档案管理程序的研究、对档案管理职能的研究。

（一）内容管理与管理内容的关系

"内容管理"与"管理内容"在内涵和外延上的差异，主要源于对"内容"和"管理"的不同解读。"内容管理"中的"内容"一词起源于出版传媒业，是一个比数据、文档和信息更广的概念，是对各种结构化数据和非结构化文档的信息聚合，在某种程度上也包含了知识；"内容管理"中的"管理"，则是处理过程，以促使"内容"能够在正确的时间、以正确的形式传递到正确的地点和人。因而有人将内容管理定义为：组织或个人借助信息技术，通过实现内容的创建、储存、分享、应用与更新，在业务与战略等方面产生价值的过程。

本书所述"管理内容"中的"管理"则是一个广义的概念，泛指机构和社会的一切管理活动，而其中的"内容"即这些管理活动的对象以及管理活动所要实现的职能和任务，也就是说，对于某一特定的管理活动和行为，其"内容"既可以是具体的对象，也可以是抽象的程序，还可以是具有更深内涵的职能。

"内容管理"与"管理内容"的区别主要在于研究角度不同：内容管理是相对信息技术而言，由于受到网络和信息技术迅猛发展的影响，部分研究人员和管理者过分关注和依赖信息技术的功用，而忽视内容层面的研究和管理，内容管理的提出即意在强调对信息内容的共享和挖掘，有利于信息资产的充分开发和利用；管理内容则是相对于管理的方式和资源而言，在管理活动中将其单独列出能引发对传统管理学研究的重新审视，有利于引起对资源和方式等其他维度的关注和重视，拓宽研究的视域和范围。此外，由于"管理内容"中两个词的内涵均小于前者，因而其外延与研究的范围都要远远大于内容管理。

"内容管理"与"管理内容"的联系和相通之处也是明显的，并且关系甚为紧密：一方面，内容管理本身就是特定机构和社会管理的内容之一，即前者包含于后者，是后者的有机组成，如图书情报机构最重要的管理内容就是对馆藏信息内容进行有效组织加工与提供利用；另一方面，内容管理能服务于管理内容，有效的内容管理为社会与机构管理活动提供大量有效的数据和信息，甚至直接产生价值和效益。同时，无论是关注"内容管理"还是"管理内容"，对于档案管理理论研究而言都不乏启示和运用：基于"内容管理"的研究顺应了档案管理从实体管理向信息管理转变的趋势，有助于引领档案管理者和研究人员的思维方式转变，推动档案数据库的建设，增强档案管理实践的调适功能；而从管理内容维度去探讨档案管理理论研究，有利于看到自身的长处和根本的同时，也认识到现有研究的挑战和机遇。

（二）以管理内容为前提的档案管理学的起源与发展

无论是西方还是中国的档案管理学研究，其萌芽和起步阶段都是根源于档案管理实践，最初的研究成果大多都是面向管理内容的。欧美档案学形成的直接动因是法国资产阶级大革命，源于档案事业独立地位的确立、档案集中统一管理原则的形成和普通公众利用档案权利的明确，自此，欧美许多档案学者对档案馆性质、地位以及档案的整理、鉴定、编目、利用和公布等内容做了广泛探讨。中国档案学形成动因则是"行政效率运动"，鉴于种种原因，该运动后来以文书档案工作为提高行政效率的突破口和主要的改革对象。

《行政效率》杂志上先后发表了60多篇档案工作相关文章，不少是专门讨论、总结档案管理的经验教训以及有关业务问题的。

无论是西方的档案馆工作研究，还是我国的档案室工作研究，都显而易见属于管理内容的范畴，可见，档案管理理论研究的起源都是基于管理内容维度的。

档案学在之后的成长与壮大过程中，仍然立足于档案与档案工作等管理内容。中国档案学的发展主要表现在两个方面：一是学科领域的完善，即指从单一的《档案管理学》发展成以《档案学概论》《档案文献编纂学》《科技档案管理学》《档案保护技术学》等为基本组成的学科群落；二是活动内容的拓展，是指从主要关注机关行政管理领域，延伸到生产管理、科技管理、人事管理和信息管理等众多领域。这两个方面都表明，除了本体和学史研究外，档案管理理论研究重心没有移离管理内容维度。而广泛被我国档案学者所接受和传播的西方经典档案学理论，如美国档案学者布鲁克提出的"文件生命周期理论"，澳大利亚档案学者阿普沃德等人提出的"文件连续体理论"，在档案整理工作中不断探索出的"全宗理论"，也都出于对管理内容研究的抽象和提升。

当前档案管理理论研究的重心和中心依然是管理内容。国内一些学者在对中国知网学术资源总库中的档案学论文中的关键词进行统计分析时发现，档案利用与信息化、数字档案馆、电子文件管理、档案法制建设等是档案学的研究重点，这些无疑都归属于档案管理内容。在相当长的时期内，档案学仍将学科的基本问题归结为档案管理、档案编研、档案保护、档案技术等基本问题，将学科的理论归结为档案形成理论、全宗理论（整理理论）、文件运动理论等，其显著特征都是以"档案"这一管理对象作为研究中心。

（三）以管理内容为前提的档案管理学研究界定与特征

管理内容包括管理活动的对象、流程以及所要实现的职能和任务，具体到档案管理实践，其管理内容既可以是具体的对象——文件（档案），也可以是抽象层面的档案管理程序和档案管理职能。因而只要涉及这几个方面的档案管理理论研究即可归属于管理内容维度，如文件（档案）的定义、特征、类型、功能与价值，档案的收集、整理、鉴定、保管、检索、编研与统计，档案行政机构、档案信息机构的管理职能等。

根据上述界定，不难得出基于管理内容的档案管理理论研究的特征主要有：

1. 任务导向

在管理内容维度的构成中，对象、程序和职能是其核心要件，而档案实践活动最重要的管理对象是文件（档案），相关程序和职能都是围绕文件（档案）展开的，重视研究文件（档案）及相关流程和功能是与生俱来的，其出发点和立足点都是如何更好地实现文件

(档案)管理的相关任务,特别是在档案史料和实体管理阶段,对资源和用户的漠视,使得关注文件(档案)的组织与保管的偏好表现得淋漓尽致,这种任务导向也是对档案管理程序和职能研究的惯性使然。

2. 体制依赖

所谓体制依赖,一是指基于管理内容的档案管理理论研究,从萌芽到形成都是特定体制的产物,在其发展和壮大过程中,同样充斥着当时时代社会管理体制的烙印;二是大量相关研究都显示了对管理体制的关注和偏好,而解决档案管理问题的方法也寄望于体制的建立和健全,这其实是同一问题的两个方面,正因为档案管理活动需要体制予以支撑,才会重视和探讨体制的改革和优化,而研究的深入又能完善体制的功能,进而保障档案管理活动的顺利进行。

3. 安全优先

由于档案信息的特殊性,为确保其完整性、真实性和可靠性,基于管理内容的档案管理理论研究对安全问题格外重视,加之原有相对封闭的档案管理体制造成的过度强调保密,使得档案管理者和研究人员长期以来紧绷着安全这根弦,一直在保管保密和开放利用之间犹豫徘徊,将用户、服务、效率和效益等的关注降为次要和辅助地位,而面对数字环境下电子文件管理带来的挑战所表现出的畏惧和茫然,更凸显了这一爱好和倾向。

(四) 以管理内容为前提的档案管理学研究作用与功能

内容是管理活动开展的根本和任务所在,管理资源与方式都是围绕管理内容而展开的,内容维度的档案管理理论研究不仅有助于对档案管理实践的提升和指导,也是其他维度档案管理理论研究的前提和基础,可见基于管理内容的研究是档案学的核心基础。其具体的作用与功能如下:

1. 以管理内容为前提的档案管理学研究能直接服务与指导档案管理实践

内容维度的档案管理理论研究与档案管理实践息息相关,既来源于档案工作实践,又为档案管理实际服务。即从档案和档案工作的实际出发,继续深化对档案管理的对象、程序以及职能的研究,能动地反映档案管理的客观规律,在探讨档案的形成、性质和价值的基础上,发现档案与档案工作的规律,提出档案工作的科学理论、原则和方法,以指导和服务于实际档案工作,进而有效地提高档案与档案事业的科学管理水平。

2. 以管理内容为前提的档案管理学研究是管理资源整合与保障的前提

如前分析,管理资源包括人、财、物和信息等基础性资源,也包括规则、权力、人脉和文化等特有资源。档案信息作为管理活动中必需的信息资源,越来越为人们所认识和认可,很少有人会质疑档案工作是信息这种资源的重要来源和保障,但往往不甚明了档案在其他资源上的作用和影响。其实档案工作一直在人、财、物等资源配置上发挥着巨大作用:一则,健全的档案工作能保证管理资源不被随意挪用和流失;再则,管理者在计划和决策时,一般都需要借鉴过往类似活动在人力、物力和财力方面的投入情况,档案工作者如能及时调出并予以适当汇编,就能保证资源配置的合理性和时效性。档案与档案工作还是权力、人脉等隐性管理资源的基本保障,如民主体制下,越来越多地需要利用档案来证明权力的来源及其合法性和权威性。而档案与档案工作正是基于管理内容的档案管理理论研究核心和重点,在引领档案工作革新和优化之时,促进了档案这种管理资源的整合与利用,也夯实了其他资源的保障基础。

3. 以管理内容为前提的档案管理学研究是管理方式的验证与探索

一般认为,档案工作是机构和社会管理活动的记录者和辅助者,而不太认可档案工作人员也是管理活动的直接参与者,这一方面是因为他们仅仅只关注管理活动的内容维度,过分狭义地理解管理的内涵,另一方面是不自觉地将档案工作的性质等同于档案的属性,认为档案管理活动总是事后的和迟滞的。其实,档案工作早已渗入文化教育和服务民生等公共管理活动的方方面面,不再仅仅限于对社会历史记忆的保存和为管理提供决策参考信息,档案早已经成为直接化解社会矛盾的重要依据、维护和平衡各方利益的武器,法制社会中的档案还是管理权力来源的基本凭据,因此,档案工作是伴随机构与社会管理活动的全部流程,本身就是一种管理手段,能在一定程度上提高管理的效率和效果。此外,档案管理与其他的社会管理在原理和本质上是相通的,它们的管理方式是可以互相借鉴和互为利用的,许多社会管理方式可以为档案管理活动所用,而档案管理的方式同样也可以予以"输出"和推广,最明显的佐证之一就是档案行政管理活动同样也需要通过文件方式予以推行。可见,内容维度的档案管理理论研究可以作为管理方式研究的参照和印证。

第三节　档案管理中的管理资源

一、管理资源的含义

资源在词典中的解释为:可利用的自然物质、生产资料或生活资料等的来源。本书所述的管理资源即为管理活动所需的资源。

一般认为，所谓管理资源无非就是传统的"人力、物力、财力"资源，再加之近年来比较吸引眼球的"信息资源"，而资源管理就是人力资源管理、物业管理、物流管理、财务管理、信息资源管理等，这些理解和认知比较通俗易懂，但同时也略为粗浅和表象，因为这些观点对管理资源缺乏深层次的思考与研究，只注意到了显性的基础性资源，忽略了规则、权力、人脉、文化等半显性或隐性的"特有资源"。

管理资源包括显性资源、半显性资源和隐性资源，前者如人力资源、物力资源、财力资源，中者如技术、规则和信息资源等，后者诸如权力、人脉和文化等，显性和半显性资源是管理活动中的"资质因素"，而隐性资源是其中的"动力因素"，这些关键、重要的管理资源实际上都是管理的命脉。

管理资源还可分为基础性资源和"特有资源"两个层次，前者如人力资源、物力资源、财力资源和信息资源等，为管理活动提供外在保障；后者诸如规则、权力、人脉和文化等，为管理提供内在保障。管理活动中的两类资源都是不可或缺的，如作为管理"特有资源"的"权力"是一种单方面的影响力，"单方面"是指权力的"非对称性"，这种"非对称性"的资源是"稀缺的或者具有潜在稀缺特征的资源"；规则包括"明规则"和"潜规则"，具体形态包括规章制度、道德法律、风俗习惯、社会结构等，规则的形成和行使是建立在特定的"权力诉求"之上的，而规则肩负着"权力诉求"载体的重任，离开规则管理活动无法进行，管理目标也就无法实现。

归于管理资源的档案管理理论研究包括两方面：一是研究文件（档案）内容信息的开发与利用，作为管理活动重要的基础性资源之一，信息活动贯穿于各管理环节之中，其中的文件（档案）信息更具确定性和凭证性，能直接服务于管理的决策和组织，在管理活动中具有不可替代的作用；二是研究文件（档案）是如何实现对其他管理资源的保障，特别是在保障权力和文化等隐性资源中的功能和作用。

二、以管理资源为前提的档案管理理论研究

（一）资源管理与管理资源之间的区别与联系

资源是一个动态的概念，不同的生产力水平和认知条件下对其内涵与外延的理解不同，但不变的是资源必须是与人类需求相关，并在人类活动中可资利用的事物，即可利用性是所有资源的本质特征。

关于"管理资源"，通过前文的分析可知，本书将其理解为管理活动所需的资源，不仅指人力、物力和财力等显性资源，还包括技术、规则和信息资源等半显性资源，以及权

力、人脉和文化等隐性资源，显性和半显性资源是管理活动中的"资质因素"，而隐性资源是其中的"动力因素"，这些资源都是管理的关键与命脉，不可或缺。

至于"资源管理"，通俗的理解，就是对各类能满足一定主体需求的对象进行有效的控制、加工、配置及利用的过程，常见如人力资源管理、物资管理、能源管理、信息资源管理等。资源管理定义为对数字图书馆的各类资源进行维护、组织、存取并提供有效服务，这是从信息资源管理的视角出发的。

资源管理是指对人力、技术、经济、信息等资源的管理，良好的资源管理应达到这些要素的统一。资源管理问题是公共管理研究的重要课题，研究资源管理能更好地发挥政府和公共职能，有利于引导市场和企业提升其核心价值、保持其竞争优势，资源范畴的拓展是公共管理和企业管理理论发展的共同需要。

"管理资源"与"资源管理"是既相联系又相区别的两个概念。两者之间的联系在于，都包含了对资源的关注和重视，只不过在对"管理资源"的研究中，一般会同时考察和比较多种资源的状态和效用，而在研究"资源管理"时，往往只着眼于某一资源，而对该资源的探讨相对更为深入和全面。同时，在任何资源管理活动中，都需要管理资源的保障和支撑，而任何管理资源也都可以成为资源管理的对象，两者是互为条件、相互依存的。区别在于两者关于资源的内涵有所不同，这导致管理资源的外延相对较小，也就是说，几乎所有"资源"都可作为管理的对象，而"管理资源"只是其中对管理活动有益的那一部分。此外，这两个概念的出发点有所差异，"管理资源"的提出是为了探讨资源在管理活动中的功能和效用，其研究基点是管理活动；而后者研究的则是特定的资源，即如何利用适当的管理方式和手段，实现对某类资源的有效组织、加工和配置。

（二）档案管理理论研究回归管理资源的缘起与依据

1. 研究起源

为大多数学者所达成共识的是，近代中国档案学形成于 20 世纪 30 年代，其形成直接起源于两个历史原因，一是南京国民政府发起的"行政效率"运动；二是故宫博物院为满足史学界利用档案的学术需要，开展的历史档案的清点、整理和编辑出版工作。新中国的档案学源于档案工作实践，是适应新中国档案工作实践需要而发展的。与中国档案学的形成主要来自外力推动（即指"行政效率运动"）不同，西方档案学形成于内力的作用，是档案工作实践发展到一定程度的产物，因而在形成之初就把如何更好地为公众服务作为其价值取向和研究的首要目的。

其实，无论是为政府行政管理效力，还是为社会公共与文化管理所用，抑或直接服务于档案管理自身的活动实践，均起源于对特定管理活动的有用性和价值功能，按照"有用即资源"的道理，档案管理理论研究从诞生之日起就带有深深的"资源"烙印。

2. 学理依据

档案学是揭示档案和档案工作的性质、功能和发展规律，研究档案信息资源的管理、开发和利用的理论、原则与方法的科学。对此，该定义明确地将档案信息资源作为档案学的研究对象，在学理上是成立的。当代档案学的理论基础应定位为档案信息知识管理理论，而档案信息知识管理是一种以档案信息为基础、以档案信息知识创新为目标的实实在在的资源管理。虽然他们都主要强调档案管理理论研究在信息资源方面的作用和作为，但这正是资源维度档案管理理论研究的根本和基础。

中国档案学并不缺乏影响整个管理学科的研究领域，至少在管理方式和管理资源这个维度上都是大有作为的，管理过程的系统分析和管理资源的重新配置与整合是其最有价值的部分和基本的理论形态。

3. 实践依据

档案的信息属性已经为大多数人所认识和重视，与其他类型的信息资源相比，以其真实性和可靠性而取胜，极富参考和利用价值。管理活动中利用档案信息资源辅助决策的案例不胜枚举，如辽宁省档案局（馆）经过对馆藏的认真调研，不定期编辑《辽宁档案资政》，报送省委省政府领导参阅，先后为开发该省金矿资源、推动温泉旅游业等重大决策提供了思路和参考。同时，随着人们参政议政和维护自身权益的意识逐渐增强，对公共管理程序和决策依据有着更多的期望和知情权，相关档案信息也就成为维护政府公信力和社会稳定的重要资源。

不仅档案信息是一种管理资源，档案工作本身也能服务于机构与管理，重庆钢铁集团档案馆的实践就是一个亮点，不仅用丰富的档案资源充分展现自己的成就和实力，还对前来考察的洽谈者，给予其在重庆期间公务活动进行全程摄像记录，并制作成光盘作为客户离别时的纪念礼物，以此来传递重钢的人性和诚意，为重钢赢得了巨大的经济效益和良好的社会效益。

此外，档案学的应用研究与部分基础理论（如来源原则、文件生命周期理论等），在直接指导档案管理实践中一直发挥着巨大的作用和功效，正如档案学理论本身就是一种特殊的资源，同其他科学理论一样，对管理活动和实践具有指导功能、预见（测）功能和解释功能，这些功能都是其价值的体现和资源的表征。

据上分析可见，档案、档案工作和档案管理理论研究成果都可以成为特定管理活动实践所需的资源，而这些都是档案管理理论研究的内容。因而可以认为，面向管理资源的研究其实是档案学的理性回归，绝非标新立异或哗众取宠。

（三）以管理资源为前提的档案管理理论研究的本质与特点

面向管理资源的档案管理理论研究在本质上具有双重性：一方面要研究其自身作为资源的属性和规律，即作为信息的一般性征和专有特质，研究文件（档案）内容信息在采集、描述、组织、检索、存储、传播、开发与构建等方面的规律；另一方面，要研究档案与档案工作的资源保障功能，既包括对人、财、物等显性管理资源的信息保真与保全，还要探讨对半显性和隐性管理资源的挖掘与控制。这种双重属性和功能，决定了资源维度的档案管理理论研究具有如下特点：

1. 用户导向

用户导向是资源维度档案管理理论研究的本质要求，因为资源的首要属性就是其之于主体的价值和有用性，离开对用户需求和用户倾向的了解和把握，资源的开发与保障研究就会失去动力和目标。这里的用户不单指资源的利用者，而且包括管理活动的所有主导者和参与者，其中自然也包含以机构和团体为单位的管理主体。

2. 技术依赖

基于资源的视角研究档案管理活动，必然要对文件（档案）的内容进行描述、组织和提供利用，再用传统方式去处理海量的信息变得十分困难，对信息技术的运用和依赖就成为必然。此外，由于文件（档案）信息的一次管理无法满足不同层面、不同类型的用户需求，还要对其进行挖掘、开发和构建等深层次的加工处理，如今技术的进步为其提供了可能和便利。在这样的背景下，对技术的关注和依赖，就成为面向管理资源档案管理理论研究的偏好和重要特征。

3. 服务优先

与内容维度的过分强调资源本身的安全性不同，资源维度的档案管理理论研究秉承用户至上、服务优先的理念，不仅强调开放利用，而且对资源的可用性和易用性十分关注，将用户、效率和效益等置于主要和主导地位。正因如此，这一维度的档案管理理论研究及其指导下的档案管理活动，往往更具开放性和拓展性，能涉足更宽泛的领域、开发更丰富的功能。

三、档案管理中档案信息资源的一次管理

档案信息资源的开发、利用是有层次的，档案信息资源的开发、利用可分为第一次开

发、利用和第二次开发、利用等。对档案信息资源的第一次开发、利用，是指按一定原则和要求，对档案原件进行收集、分类、鉴定、统计等处理，并编制检索工具的过程，主要是对档案实体的开发，也可以称为第一次整理，其目的是方便读者利用，并保护档案原件；而第二次开发、利用，或称第二次整理，是对档案信息内容进行开发、利用，即按照社会利用规律，将价值较高的档案信息予以抽取，经过科学的再加工，生产出档案文献信息产品的过程。这种认识是针对纸质等实体档案而提出的，虽然不能直接引用至数字环境下档案信息资源的开发层次划分，但不无借鉴意义。

有基于此，本书提出档案信息资源管理可划分为两个层面：一次管理和二次管理。前者是指通过对文件（档案）信息的采集、描述、组织、检索、存储、传播与服务等，保障档案信息资源的可用性；后者则是针对档案信息资源的内容与特征，对文件（档案）信息进行开发、构建与营销，旨在实现档案信息资源的易用性。

本节将分别对文件（档案）信息的采集与描述、组织与存储、传播与服务等方面的研究予以适度展开。当然，探讨档案信息资源的一次管理也离不开文件（档案）信息检索的研究，且现代档案检索与信息检索在原理上是相通的，在技术上是互用的，在研究上是重叠的，故此不再赘述。

（一）文件（档案）信息的采集与描述

1. 档案信息采集

所谓信息采集，指的是信息机构和信息人员，根据一定的目的和需求，通过购买、征集、交换等方式，获取各种形态的信息并予以汇集的过程。信息采集来源包括文献型信息源（如图书、报纸、期刊、政府出版物、公文、报表等）、口述型信息源（如电话、交谈、咨询等）、多媒体信息源（如广播、电视、多媒体数据库等）、实物型信息源（如展销会、博览会等）。

广义的档案信息采集，是指对档案及其相关信息进行捕获、登记、分类、添加元数据和存储的过程。就获取途径而言，可分为原始信息采集和二次信息采集两大类，前者是指实际对象直接取得的第一手信息，后者是对他人业已收集或积累的信息资料的再收集。而从采集对象来看，可分为三类：一是档案的内在信息，即档案的内容信息，这是档案信息的基本部分；二是档案的一般特征信息；三是档案的历史联系信息。狭义的理解仅指捕获和登记档案的内容信息。

档案信息采集是档案信息资源管理的前提和基础，是档案信息资源一次管理的起点，其质量的好坏决定了档案信息管理整体水平的高低，可见，研究档案信息采集具有极强的实践指导价值。同时，由于档案信息的特殊属性，如要求保证其真实、完整性和可靠、可用性，因而对信息采集的研究还保证了其他环节相关研究的顺利展开和价值实现，具有理论基础意义。档案信息采集研究的主要内容有：档案信息采集的意义与基本要求，档案信息采集的对象与特点，档案信息采集的原则与方法，影响档案信息采集的内外因素研究，档案信息采集的标准与评价等。

针对现有研究在理论上缺乏深度和创新的问题，本文提出了"开放存取"的理念，认为有必要在提倡档案信息资源开放利用的同时，加强资源采集工作的开放性，即提供开放、便利、多样的档案信息收集渠道，让档案信息有条件自行"进馆"。这是针对传统信息采集模式所存在的矛盾而提出的：一方面，鉴于档案馆的声誉和公信力及其优越的保管条件，社会档案信息持有者有意将自己重要的档案资料保存于档案馆，却缺少进馆资质和途径；另一方面，虽然档案资源在逐年增加，但富有特色、让用户感兴趣的档案却不多，而档案工作为了更好参与公共管理、紧密服务于中心工作，也需要征集各种特色资源。"开放采集"则有助于两者的结合，实现双赢乃至多赢，而网络和计算机的普及，为档案信息资源的开放采集提供了新的渠道和更为有利的条件。有人担心开放采集可能带来档案资源的混乱和存储上的压力，这就大可不必，其实与档案的开放利用一样，开放采集同样是有条件的，也并非全部免费的，必须依据标准和规范进行认真鉴定，只有符合规定的才予以保管、寄存或者征购，其余则需收取一定的费用或者不予进馆。开放采集提出的本质是要求通过提供多样便捷的渠道，实现档案资源采集活动的社会化和常态化。

2. 档案信息描述

档案信息描述是指按照一定的规则和技术标准（如档案著录规则、档案与电子文件元数据标准等），对档案信息的外在特征和部分内容特征进行系统说明并予以记录的过程。信息描述以文件（档案）信息的外在特征为主，但也不乏对内容特征的描述，具体包括对档案信息的物质形态、主题内容和形式特征等进行分析、选择和记录。

首先，通过信息描述，能将文件（档案）信息的内容特征（如概要、主题等）、外表特征（如责任者、题名、密级、来源出处、形成时间等）和物质特征（载体类型、装订、页册数等）加以表述和记录，能有效揭示文件（档案）信息的内涵与特征，加深对信息的理解和把握。可见，研究档案信息描述，有利于提升对文件（档案）信息识别和揭示的水平，从而更好地对海量的档案信息资源进行有效的组织和定位。其次，通过对档案信息描述的研究，有利于把握并依据档案信息和用户的特点，同时通过对信息描述结果数据的分析，科学地选择和确定检索点，以提高档案信息检索质量和利用水平。此外，相关研究还能加强档案信息描述标准和格式的兼容性和统一化，这极大地方便了不同档案机构之间的信息交换，也能据此实现异构资源的整合和共享。

档案信息描述研究的主要内容有：档案信息描述的原则与要求，档案信息描述的基本方法与技术，档案信息描述的标准与标准化研究，专业或专门档案的信息描述，不同载体类型档案的信息描述等。

我国档案界对信息描述的研究尚属起步阶段，且由于信息描述与信息组织及检索在内容上有诸多的重复和重叠，而档案信息描述属于文献信息描述的具体应用，所以，目前针对档案信息描述的专题研究成果偏少，而专著更是鲜见。

（二）文件（档案）信息的组织与存储

1. 档案信息组织

档案信息组织是基于对信息内容、结构、形态特征的分析和描述，根据检索和利用的需要，对文件（档案）信息进行选择、标引、处理和储存，使其成为有序化集合的活动过程。一般认为档案信息的组织有分类组织法（如职能分类）、主题组织法（如档案主题词分类）、时空组织法（如大事记与年鉴）、字顺组织法和随机组织法等。

档案信息组织是档案管理的重要环节，一则它本身就是加工和开发档案信息的主要手段，二则能为档案信息的检索和传播做好铺垫和准备。研究档案信息组织，有利于优化和丰富信息组织的方式手段，通过甄别、重组和精化信息，促进档案信息的有序化，以充分有效地利用存储空间，在一定程度上解决档案信息分布的普泛性和信息效用个体性之间的矛盾。

档案信息组织研究的主要内容有：档案信息组织的发展和特点，档案信息组织的目的和作用，档案信息组织的原理与理论基础，信息组织的原则与方法，影响档案信息组织的内因和环境分析等。

2. 档案信息存储

信息存储是有组织的信息表现形式，是一种异时信息利用行为，属于广义的信息组织的构成部分。这里包括将所采集的信息记录于特定载体之上，将这些信息载体有序化，以及保证信息的长期可用性等三层含义。因此，简而言之，档案信息存储就是应用先进的技术和手段，对所采集或拥有的档案信息资源进行科学有序地存放、保管，以备利用的过程。

由于档案信息资源的逐步数字化和虚拟化，使得档案信息资源的异地存取、异时利用成为可能和趋势。对档案信息存储的研究顺应了这一潮流和走向，在保证档案信息资源的完整、安全、及时获取和长期有效等方面都具有指导意义和导向功能，能促进档案信息资源的共建共享和充分利用。

档案信息存储研究的主要内容有：档案信息存储的发展历程，档案信息存储技术与方式，信息存储的介质、装具和设备研究，档案信息存储程序与要求，档案信息存储的安全问题，档案信息存储的环境要求等。

（三）一次管理与管理程序之异同

本书对"档案信息一次管理"的研究，内容涉及文件（档案）信息的采集、描述、组织、存储、传播与服务等，与档案收集、整理、鉴定、保管、检索、编研、利用与统计似乎有重复冗余之嫌，且两者在管理维度上的定位貌似也难以区分，有必要予以辨析。

一方面，两者的区别是明显的：首先，两者的研究目的不同，对"档案管理程序"的探讨，是为了验证和说明传统档案管理理论研究对"程序（或过程）"的关注是属于管理内容维度的，而论述"档案信息一次管理"则是基于管理资源的视角，一则为下文"档案信息二次管理"及"管理资源的信息保障"的提出和研究做必要的铺垫，二则"一次管理"是对档案信息自身"资质"的基本保证，也就是说，档案信息之所以能成为管理资源，离不开"档案信息的一次管理"；其次，两者的导向不同，如前文分析，"档案管理程序"相关研究属于内容维度，其理念是任务导向，因而程序本身就是其关注的对象，而"档案信息一次管理"的相关研究是基于资源的维度和视角，属于用户导向，"管理程序"只是其目标实现的途径，最终目的还是资源的利用和效用的发挥；再次，两者的适用对象不同，前面所说的"管理程序"主要是针对传统档案的载体和内容而言，而"档案信息一次管理"研究富有时代特征，既强调传统形式档案的内容信息，也能反映数字环境下的档案资源特征，更具概括性和包容性。

另一方面，两者的联系也是紧密的和必然的：本研究对"档案信息一次管理"和"档案管理程序"研究内容的表述，都是基于过程与流程的角度予以划分和展开的，而程序和流程在本质上归属于管理的内容，因而这两部分的相似就难以避免；再则，管理活动的维度划分既是绝对的，也是相对的，资源与内容的关系十分紧密，任何管理内容的实现离不开资源的支撑，而几乎所有的资源也都能成为管理的对象和内容，实践和现实既然如此，研究就自然无法割裂两者的联系，"档案信息一次管理"虽然目标和导向都是实现资源的效用或保障，但必须通过一定的形式（即成为管理的内容）才能得以进行和体现，否则就是无本之木、无源之水。

四、档案管理中档案信息资源的二次管理

如前所述,对文件(档案)信息的采集、描述、组织、存储、传播与服务等属于档案信息资源的一次管理,这是档案信息之所以能成为资源的基本保障,即一次管理旨在保证档案信息资源的可用性;而随着档案信息资源的日渐丰盈和复杂,一次管理已经无法满足档案信息用户的多元化和多样化需求,有必要对文件(档案)信息从内容上进行开发,在形式上予以构建,在手段上实行营销,即对档案信息资源进行二次管理,目的是实现档案信息资源的易用性,促进档案信息资源的效用最大化,进而提升档案工作的层次和水平,二次管理的提出也对档案学在资源维度的研究产生积极影响。

(一)文件(档案)信息开发

对文件(档案)信息开发的含义有不同的理解,国外有两种观点,一种认为开发就是"对档案文件及其所含信息进行整理和编目",另一种是认为开发还包括提供咨询服务和促进利用,国内的理解可分为五种不同观点。目前将文件(档案)信息开发仍定义为"编目与索引"的已经比较罕见了,主要有狭义和广义两种理解:狭义的理解为根据用户需求和馆藏实际,将档案中蕴藏的信息挖掘出来,以实现档案价值最大化的过程,这种理解认为文件(档案)信息开发是一个高层次的劳动创造过程,不同于收集、整理、编目等一般档案管理工作环节;而广义上的理解不仅包含了狭义的理解,还包括档案信息一次整理的全过程在内。本书持前一观点。

研究文件(档案)信息开发是档案事业发展的需要,也是资源维度档案管理理论研究的本质要求。一方面,能直接指导档案工作实践,有利于激发档案信息工作者的积极性和创造性,提升档案管理活动的层次和水平,促进档案资源的深层次挖掘和充分利用;另一方面,也能开阔和拓展档案学的研究视域,强化档案管理理论研究的功能和价值,进而有助于档案学的学科地位提升和可持续发展。

文件(档案)信息开发研究的主要内容有:文件(档案)信息开发的含义与内容,开发的特征与意义,开发的原则与要求,开发的技术与方法,开发的层次与过程,开发的组织与人才研究,文件(档案)信息开发的效益分析与趋势研究等。

(二)文件(档案)信息构建

信息构建是一个新兴的研究领域,信息构建有三层含义:一是信息组织、导航、标注与策划的组合;二是信息空间结构设计的优化;三是网络信息分类的科学和艺术。信息构

建的核心内容包括信息的可访问性和可理解性。据此可以认为，档案信息构建是研究如何组织、表达和阐释文件信息，以保证其可用性和易用性的艺术与科学。

档案信息构建与档案信息组织既有联系又有区别。两者的联系在于，信息构建是建立在档案信息组织的理论与实践基础之上，而档案信息组织又是信息构建的主要内容并为之提供技术支持。两者的区别在于，信息组织多是从信息管理人员的角度来考虑技术和方法，侧重于信息的系统性和有序性，而信息构建更关注信息用户的理解和利用，侧重于信息的清晰和可理解，两者最大不同在于，信息组织只关注信息加工与排列的科学性，而信息构建则注意信息呈现的科学性和艺术性。由于信息构建存在强调信息的艺术性和可理解性、强调用户的需要和体验等特点，可见研究文件（档案）信息构建不仅对于档案管理实践与档案信息服务理念创新具有冲击力和影响力，对于档案管理理论研究的理论拓展也大有裨益。

文件（档案）信息构建研究的主要内容有：信息构建的原理与方法，信息构建对文件（档案）信息组织的作用和影响，文件（档案）信息构建的特点与要求，文件（档案）信息构建的内容与原则，档案信息用户研究，文件（档案）信息工作者信息素质研究等。

但由于一方面国内信息构建的研究还处于起步阶段，另一方面，当前的信息构建理论主要只关注网络信息资源的组织和表达，所以，在档案管理理论研究领域的成果还不是很多，且主要探讨其对于档案网站的启示和影响。本书认为信息构建对于档案信息提供利用的意义在于其关注信息生态问题、强调对信息本身的重视和用户体验等方面。

（三）档案专题信息营销

对于信息营销，目前有两种理解：一种将信息营销定义为，企业（机构）综合运用各种现代信息技术，以各类有效信息为重要资源来制定营销战略，并协调和管理营销工作，以获得竞争优势的一种营销方式；另一种认为，信息营销是信息服务机构为满足信息用户需求，对其信息产品与服务进行调研、分析、组织、促销等系列活动，并实现价值交换的过程。前者是将信息作为营销的资源与手段，而后者是将信息作为营销的产品和对象。本书持后一观点，认为档案专题信息营销是指，在政策和法律许可范围内，档案信息机构按照信息市场的规律，选择适当的经营方式和策略，完成信息商品和信息服务从专题开发到交换利用的转换，向用户提供特定信息产品和信息服务的过程。

信息营销研究在图书情报界受到一定的关注和重视，相关成果较多，但在档案管理理论研究领域缺乏影响。这是由于档案信息的特殊性和档案工作的相对封闭性，许多人认为档案信息资源无须"营销"也无法"营销"，其实这种理解有一定的偏差。一则，档案信息资源特别是经调研后专门加工的档案信息,与普通的物质商品一样,是价值和使用价值的矛盾统一体,是能满足社会需要、凝结了一般劳动的智力成果,因此可作为商品来生产、流通和使用,具有推广和推销价值;二则,运用营销的原理和策略能促进档案信息的开发利用,改变档案信息工作者的理念,激发其内在动力,提高档案信息开发的效率,进而塑造档案信息服务的新形象,实现档案馆职能的拓展和服务的强化。可见,档案信息营销是可行的,档案专题信息营销研究更是必要,有利于改变档案工作者和档案研究人员的观念与思路。

档案专题信息营销研究的主要内容有:档案信息营销的含义与内容,档案信息营销调研与预测,档案专题信息的选择、确定与加工,档案信息营销环境分析、档案信息市场与用户行为分析,档案信息营销战略规划,档案信息产品价值分析,档案信息营销的策略和方法等。

档案学在信息营销领域的研究还亟待加强,这是推销和推广档案信息资源,提升档案工作与档案管理理论研究水平和地位的内在要求。许多人认为,档案工作很少直接参与社会与机构管理活动当中,给人置身事外、"大隐于市"的印象,档案学也在管理研究领域属于"隐学"。新的管理环境对档案工作提出了新的要求,机遇与挑战并存,此时要意识到"有为才有位",要抓住时机、乘势而上,还要能"就势造势",善于宣传与营销,开展各类档案文化活动,推出更有吸引力的档案文化产品,让更多的单位和个人熟悉档案工作、利用档案资源,在扩大档案工作影响的同时,提升档案管理理论研究在管理资源维度的空间和地位。

第四节　档案管理中的管理方式

一、以管理方式为前提的档案管理理论学研究

(一) 以管理方式为前提的档案管理理论研究阶段与内容

文件方式作为社会与机构管理活动中最重要、最通用的管理方式由来已久,一般认为随着文字的出现和国家的产生,它在管理中的基本职能便已出现。文件方式一直是档案管理理论研究的特色和强项,而最初的研究又集中在其分支学科——"文书学"之上(当然,文书学不是文件方式研究的全部)。

从管理理念来看，可分为"管制"型文件方式和"服务"型文件方式两个研究阶段。之所以会有这两个阶段的区分，一方面是来自我国行政管理和社会发展实践的冲击：中国几千年封建专制统治和高度集权的计划经济体制，使得"管制"型文件方式影响极深，而政治民主化进程和市场经济发展要求政府从统治者的身份逐步转变为社会的服务者。"管制型"权力运行的向度是自上而下的，社会管理活动都由政府主导推动，较少考虑社会公众的愿望和多样化需求，其文件方式是封闭的、机械的；"服务型"则是一个上下互动的管理过程，它主要通过合作、协商、认同和建立共同目标等途径来推动管理活动进行，因而其文件方式也就相对较为开放和灵活，特别是程序的开放性是"服务"型管理方式的基本要求和主要特点，没有过程的公开透明，就无法分清权责的范围和大小。另一方面也受到公共管理理论变革的影响，如20世纪七八十年代以来流行于西方各国家主张有限政府的新公共管理思潮，为了改变政府形象、提高管理绩效，美国学者戴维·奥斯本提出的重塑管理十条思路等，都对我国公共管理和文件方式的研究产生较大的触动和影响。"服务"型文件方式研究萌芽于20世纪末，最初的研究主要是着眼于政府文件信息资源能否公开，后来探析信息公开制度，而自《政府信息公开条例》起草之时起，这类研究便开始如火如荼，从《政务信息公开与档案馆现行文件阅览中心的建立》至今，已有近300多篇可以归属于"服务"型文件方式的中文期刊论文发表。

至于管理方式维度的档案管理理论研究内容，无论属于哪一历史发展时期或哪种媒介形态，也无论何种管理理念，都应该涉及文件方式的含义与特点，文件方式的功用与意义，文件生成（制作）、流转、督办与办毕处理等的发展历程与趋势，文件方式的构成要素与环境分析等方面的研究。

（二）以管理方式为前提的档案管理理论研究倾向与特色

本书对管理方式的理解是，依据管理内容的特点和要求，对管理资源进行整合、配置和保障的方法与途径。在管理维度空间中，管理方式承担着"连接"内容维度与资源维度的功能和作用，只有借助和利用一定的管理方式，资源才能服务于管理内容。与此同时，管理方式也受到管理资源和内容的制约和影响，并为管理目标所指引和控制，为管理主体所左右和支配。因而归于管理方式的档案管理理论研究呈现如下倾向与特色。

1. 目标导向

方式是服务于管理内容的，但最终是服务于管理的目标，管理方式从选择、确定到运用，无不围绕和依托于管理的目标，归于管理方式的档案管理理论研究自然也着眼于社会与机构管理的终极目标，即实现资源的最优配置和效用最大化。因而方式维度的研究属于目标导向型，这与内容维度的任务导向不同，后者更关注细节和具体，相对较为短视，而目标导向则着眼于长远与整体，更注意通用性和兼容性。目标导向与资源维度的用户导向也不同，后者由于过分强调需求者的诉求和利益，往往忽视了提供者和其他相关主体的权益，而方式维度的研究则为了高效地实现管理的内容与目标，自然会以权益平衡为基础，注意权益补偿和救济机制的建立。

2. 系统依赖

系统依赖有两层含义，一是指对具体系统的依赖，即离开由生成机制、流转机制和监控机制共同组成的文件运作系统，文件方式就无立足之本，更不用说发挥其功用了；二是宏观的管理系统，指管理方式的效果发挥对管理的资源与环境具有极大的依赖性，这就是为什么不同的管理主体会选择不同的管理方式和策略，而同样的管理方式和手段，经由不同的管理者运用，其结果与绩效也会有所不同。虽然资源是属于管理的内在性要素，具有可预期性，能为管理者所把握和控制，但管理的环境却是外在的、不可预测的，因而管理方式维度的研究必须探讨文件运作系统及其与外部环境的互动。

3. 效能优先

既然归于管理方式的研究是目标导向，强调以最少的资源赢得最大的效益，这里的效益不是指单纯的经济效益，而是包括社会效益在内的综合效益，所以效能问题是其优先研究和考虑的。管理大师彼得·德鲁克在其《有效的主管》一书中曾指出："效率是'以正确的方式做事'，而效能则是'做正确的事'。"[①] 在这种理解下，效率和效能自然不应偏废，但在二者无法兼得时，首先应着眼于效能，然后再设法提高效率。而在汉典中，效能既包括效率，也包括能力，也有人为效能做了个公式：效能＝目标×效率，即说明不能片面地追求效率，效率高不代表就可以实现良好的效益，只有在目标引导下的效率才是方式维度研究所应该追求的，所以在研究管理的手段和方式时，要注意调动管理主体的积极性、主动性和创造性，不仅强调管理的效率，更要保证质量和方向。

（三）以管理方式为前提的档案管理理论研究功用与意义

方式不仅是管理资源得以整合与利用、管理内容与功能得以实现的基本要素，还是这两个维度的"关联"者与沟通者，管理方式的研究在指导管理活动实践和提高管理效能等方面有着积极作用。档案管理理论研究一直在文件这种管理方式上有着无可比拟的优势，

---

① 刘晓勤. 教育教学效率与效能研究的价值 [J]. 黑龙江高教研究, 2010 (10): 3. DOI: 10. 3969/j. issn. 1003-2614. 2010. 10. 015.

而文件方式因其具有确定性、规范性、可控性等特点,一直为社会与机构管理所通用和倚重。因而归于管理方式的档案管理理论研究具有以下功用与意义:

1. 能直接应用于社会与机构管理实践

与内容维度的档案管理理论研究主要用于指导狭义的管理活动——档案管理实践不同,研究文件方式是服务于广义的管理活动,即旨在为各种类型的管理活动提供可资利用的手段和方法,以在遵循管理活动规律的基础上,实现管理资源的有效配置与利用,提高管理活动的效能和水平。

2. 能促进管理方式的优化和集成

所谓优化,一方面是指,由于这一维度的档案管理理论研究本身就是对文件方式的研究,必然会带来文件这种通用管理方式的革新和提升;另一方面则是指,通过研究与扩大文件方式的影响,也能引发人们对其他管理方式(如会议等)的关注和重视,促进这些方式的改进和发展。而所谓集成,则是指在深度发掘各种管理方式的优劣之处后,在明确管理要素状态的基础上,实现多种方式的有机组配和合理利用。

3. 能凸显档案管理理论研究的地位和作用

与资源维度的档案管理理论研究一样,归于管理方式的档案管理理论研究不再将视线拘泥于档案自身的管理,而是着眼于广义的管理活动,这种研究视域的开拓必然带来学科地位的改变。当管理方式问题进入人们的视野、文件方式成为人们关注的对象时,档案管理理论研究的作用和价值自然就得到了凸显,而其他管理类学科在通用管理方式研究上的"短板"与短视,必然反衬出档案管理理论研究的长处与"强势"。因此可以说,这一维度的探讨和研究具有核心竞争力。

二、管理活动中文件方式的优势与不足

管理活动中的文件方式属于正式的、言语型、媒介类管理方式,相对于其他方式,具有以下优势与不足。

(一)比较优势

由于文件方式兼具有言语型、媒介型和正式管理方式的特点,所以存在以下比较优势:

1. 在作用的广度与深度上的优势

在一定的机制保证下,采用文件方式的管理主体不必亲临管理现场,而是通过文件进

行信息的传达和反馈，以实现对管理活动的远程把握与控制，较易扩增管理的幅度和层级，影响和作用的范围较广，这也是文件方式之所以能为各类管理活动普遍使用的重要原因之一。

2. 在单位成本上的优势

相对于会议和现场直接管理等方式而言，由于文件信息复制和传播的成本较低，同样的作用面和影响范围，所需经费要少得多，而且这种优势随着电子文件的大量使用显得更为突出。当然有人会说，保持文件方式运作体系也是需要经费的，虽然不无道理，但由于文件方式是机构日常工作手段，文件方式运作体系的投入平均到单次文件方式的利用几乎可以忽略不计，或者说文件方式的边际成本很低。

3. 在传承和凭证上的优势

这是由于文件方式一般属于书面语言型管理方式，具有外部存储性，即借助纸张、磁盘等载体，能将管理的内容与目标等给予明确的语义表达和思维传播。这一来能保证管理活动不依赖特定管理者的大脑而存在和运作，二来能给今后的类似管理活动提供方式上的借鉴，即保证管理方式的传承性。同时，外部存储性带来的视觉表征具有更大的明确性，具有凭证作用，能避免管理沟通和资源调配的随意改变，保证管理内容和程序的可预期性和可考证性。

4. 在表达与理解上的优势

文件方式的最大优势就是表意准确，这一方面得益于书面语言本身更为慎重，用词考究，具有相对独立性，构思的时间与信息都比较充分，使管理主体意图表达更为准确可靠，很少产生歧义；另一方面，文件生成时，其规范性结构特征也对内容产生制约和规范，如法规公文用篇、节、章等层级结构来体现各部分内容的等级和地位，增强了表意的效果，降低了理解的难度和偏差。

此外，由于文件方式一般说来归属于正式管理方式，因而还具有后者的全部优点，如稳定性、权威性和可控性等。

（二）不足之处

文件方式的不足之处也是比较明显的：

首先，文件方式在独立性上的不足。即文件方式具有系统依赖性，要发挥其功能，必须有一个完整的运作机制予以支撑和保障，这也是媒介型管理方式的"通病"，离开了系统的有效支持，文件方式要么根本不能运转，要么会在管理沟通中产生偏差，因而在研究和创新文件方式时,一个重要的课题就是如何保证文件运作机制的科学性和有效性。

其次,文件方式在时效性上的不足。由于文件方式属于媒介型管理方式,必须经由一定的媒介和途径进行信息传递,无法实现即时的管理沟通和控制,相对于现场管理方式而言具有延时性和相对滞后性,特别是传统的(纸质)文件方式,往往要通过信函或机要途径,迟滞时间较长,还有可能贻误时机。虽然电子文件方式能基本实现即时传达,但电子文件的非人工识别性也会带来延时,即接受方必须借助电脑等设备才能读取文件信息,一旦因主观或客观原因没有及时接收,就会导致延时或误时。

最后,文件方式在灵活性和生动性上的不足。相对于非正式管理方式的不拘形式,反应和执行速度相对较快而言,文件方式受到诸多规定、手续、形式和时间的限制,相对古板僵化、缺乏灵活性、不能随时随地使用,因而会有大量难以触及的领域和范围,造成管理上的空白。此外,相对于口头言语方式和非言语方式的多层次、全方位的表达而言,文件方式无法利用语气、表情或肢体动作进行管理沟通,缺乏鼓动性和生动性,因而不易发生点上的强效应,即无法给予管理对象直接而富有针对性的指令和影响。

第三章　　档案收集与整理工作

第一节　档案收集与管理工作的内涵

一、档案的收集工作

(一) 档案收集工作的内容

档案收集是一种按照党和国家的规定，通过例行的方式和制度接收、征集有关档案和文献的活动，这种活动可以将散落在各机关、组织、个人手中的相关档案统一收集到有关的档案室或档案馆，以便实现对相关档案的科学管理。具体来看，档案收集工作涉及以下几方面的内容。

(1) 机关单位、事业单位和企业单位的档案室对本单位所要归档的档案的接收。

(2) 档案馆对辖区内现行的机关单位、事业单位、企业单位和撤销单位的具有长期保存价值的档案的接收。

(3) 对中华人民共和国成立以前各个历史时期所形成的档案的接收与征集。

在这里需要注意的是，档案收集工作并非是一项简单的事务性工作，而是一项会受国家政策影响，并且具有很强业务性特征的工作。这主要体现在两方面：一方面，档案室和档案馆在收集档案时需要根据国家政策规定，以及档案的特性进行选择；另一方面，档案收集工作受档案形成者的档案意识水平、价值观以及档案馆（室）保管条件等多种因素的制约，需要综合研究、统筹规划，提高档案收集工作的质量。

(二) 档案收集工作的地位

在整个档案管理工作中，档案收集处于一个十分特殊的地位，这一地位主要体现在以下几方面。首先，档案收集工作是档案馆（室）积累档案的一种重要手段，也是档案馆（室）开展档案工作的业务对象和业务起点。其次，档案收集工作是档案馆（室）对档案进行有组织、有目的、有纪律、有规划的管理的一项具体措施。再次，档案收集工作质量的高低情况，会直接影响档案馆（室）其他工作的开展和实施。最后，档案收集工作是档案馆（室）和外界发生联系的重要环节之一，是以国家相关政策为依据，与社会进行广泛接触，且需要工作人员具有较强的业务能力的工作。

（三）档案收集工作的特点

1. 预见性与计划性

作为人类各种社会活动的伴生物，档案的形成具有很强的分散性特点，即档案是散布于社会各个方面的，档案室和档案馆要进行档案收集，只有对其进行认真调查，科学地分析和预测档案形成、使用、管理的规律和特点，这样才有助于从分散的档案中做好收集工作。

同时，档案馆和档案室在进行档案收集时，还必须充分、全面地了解和把握本馆（室）主要档案用户的利用动向、特点和规律，以便结合档案用户的长远需要收集能为他们所用的档案，真正发挥档案收集的作用，这意味着档案馆和档案室需要提前做好档案收集工作的计划，以便有计划、主动地开展档案收集工作。

2. 完整性与系统性

档案收集的一个重要要求就是收集到的档案必须在种类、内容方面符合齐全、完整的特点，同类档案之间也应能构成一个有机整体，这就使档案收集工作也表现出完整性和系统性的特点。档案收集的完整性和系统性特点要求档案收集工作人员在收集档案时，必须考虑档案当前以及未来在生产、生活中能起到的积极作用，以便真正发挥档案收集信息参考的价值。

3. 针对性与及时性

档案收集工作，必须根据各级各类档案馆（室）的收集档案的范围来进行，不能违反国家规定，擅自收集不属于本馆（室）收集工作范围的档案，以保证收集工作能够有目的、有重点地进行。档案收集工作还具有及时性的特点。它要求档案人员必须具有明确的时间意识，将应当接收或征集的档案及时收集进馆（室），档案部门应当尽最大的努力，避免拖延迟误，在掌握有关信息线索的前提下，采取相应的方式，尽快将档案收集起来。

二、档案的管理工作

（一）档案管理工作的内容

一般情况下，档案管理工作的内容主要包括区分全宗、在全宗内建立档案分类、立卷并进行案卷编号、编制案卷目录。而考虑到实际工作中存在状况的差异，具体的档案整理工作内容也会有所差异，从实际情况来看，目前我国的档案管理工作，按其内容范围大致可以分为以下三种情况。

（1）在正规的工作条件下，档案室所接收的文件大多数是由文书部门和业务部门按照本室档案归档工作的要求立好的案卷，而档案馆接收的档案则是根据本馆档案要求整理好移交的案卷。也因为这样，档案室和档案馆的档案管理工作主要是对接收的档案进行更大范围的系统和整理，如全宗和案卷的排列、案卷目录的加工等。

（2）一些已经入馆、入室保管的档案文件，档案室在整理时可能发现其中存在一些不符合本馆、本室档案工作要求的情况，这就需要档案馆和档案室根据本馆、本室档案工作要求对其进行重新加工整理，以提高档案整理的质量。同时，还有一些保存时间较长，档案自身和整理体系已经发生变化的档案，档案室和档案馆也需要对其进行调整。

（3）一些情况下，档案室和档案馆也会接收一些零散的档案文件，这就需要工作人员对其进行全过程的整理和加工，其工作内容与一般档案整理工作内容相同，即区分全宗、在全宗内建立档案分类、立卷并进行案卷编号、编制案卷目录。

在实践中，我国档案室和档案馆对档案的管理主要属于第一种情况，但后两种情况也经常出现。因此，档案工作人员需要熟悉整个档案管理工作的程序，掌握相应的业务能力。

（二）档案管理工作的程序

1. 系统排列和编目

在正常情况下，档案室接收的是文书部门和业务部门按照归档要求组合好的文件材料，而档案馆接收的是各个单位档案室按照进馆规范系统整理的档案。因此，对于档案室和档案馆来讲，档案管理工作只是在更大范围内对接收进来的档案做进一步调整。

2. 局部调整

档案馆（室）在日常管理工作中，要定期对所藏档案进行检查，发现明显不符合要求、确实影响保管和利用的档案，档案馆（室）有责任对不合理的整理状况进行局部的调整。

3. 全过程整理

档案馆（室）在收集档案过程中，由于种种原因，其中有些档案没有经过系统的整理，处于凌乱状态，这就必须进行全宗划分、组合、排列和编目的全过程整理工作。

(三) 档案管理工作的原则

1. 注意保持档案之间的有机联系

可以说，档案整理的任务就是要"自然地"按照档案文件"固有的次序"去排列组合档案文件实体并固定它们相互间的位置，使之保持其内在的、客观的有机联系，形成具有合理有序结构的整体。

档案之所以会对各种类型的、有着不同需求的用户有用，就是因为它记录了一定的人类活动过程。这种活动过程是与各种事物相联系的，因此日后的利用者才会从这一活动过程与自己查考的事物的关系的角度，需要利用这种档案。也就是说，从各种角度、方面对档案的利用要求，实际上是档案所反映的活动过程本身所诱发的，是由这种活动本身的存在而派生出来的。因此，档案分类只能依据形成档案的活动过程本身所具有的运动规律和科学程序来进行，即应以保持文件中与这种过程、规律或程序相吻合的本质有机联系为原则。

在这里需要注意的是，档案之间的有机联系并不是绝对的，而是相对的。在同样类型的活动过程中，事物之间的各种矛盾和联系也是多种多样的。哪种主要，哪种次要，这是随客观条件的变化而变化的，对待文件间的有机联系必须具体问题具体分析，绝不能强求一律，机械地认为保持某种联系最重要，因而僵硬地坚持非采用某种分类方法不可。相反从实际出发变换我们的方法，力求保持文件间最紧密的联系，才是唯一正确的做法。

2. 充分利用原有的整理基础

档案是历史的产物，在入藏以前，有的可能存有文件作者或经办人员保管、利用它们的痕迹，有的则可能经过历代档案工作人员的整理。因而在档案整理过程中注意发现上述遗迹并加以利用，即充分利用原基础，也是科学组织档案分类工作的一条原则。

档案中存在的经初步保管、整理的状况或成果，在某些情况下，可能会具有一定的合理成分。如文书处理人员为便于承办和利用，常把同一事件的请示与批复放在一起，造成了档案文件间一种自然的排列次序；而过去的档案人员整理文件时，更是出于当时的某种需要或某种考虑，把具有某种共同特征（问题、作者、时间或形式等）的文件组合在一起。正因如此，应该从实际出发，充分认识并利用原有的基础，以确定档案整理的任务与方式，不轻易打乱重整。就是说，在整理档案之前，应对档案的现状做调查研究。

首先，如果发现档案已初步经过整理，原基础较好，一般就不必打乱重整。这种原有的基础，按现时的标准衡量，可能在保持有机联系的问题上有这样那样的缺陷。但是整序档案作为实体控制的手段，其目标无非是要使档案按一定的规则或规律排列起来，确定其存放的位置，以便于检索。只要这些档案尚有规可循，有目可查，一般就应尽量保持其原有的整理体系。

其次，即使原基础很不理想，根本未经整理或必须重整，也应仔细研究存在于档案中的每一丝线索，不轻易打乱破坏文件产生处理过程中形成的自然顺序，或前人的整理成果。也就是说，要注意吸取原基础中的合理成分，即使对某些极简单的保存与清理工作的痕迹，也应注意分析是否有参考价值。只有在全面掌握原基础情况以后，才能拟订确实可行的计划，动手整理或仅仅作局部调整。

3. 便于保管和利用

整理档案时，应充分利用档案原有的基础，积极保持档案之间的有机联系，但在具体的整理实践中，有些文件的联系的保持又容易与档案保管的便利性产生冲突。例如，某次会议产生的文件，有纸质的，也有视频的、音频的，还有可公开的、必须保密的，如果单纯只强调文件之间的有机联系，将它们混合起来进行整理，很显然会对保管的便利性产生不利影响。因此，在整理档案时，如果档案之间的有机联系与档案保管的便利性产生冲突时，不能只重视文件联系，还要充分考虑档案保管与利用的便利性。对于不同种类、不同载体、不同机密程度、不同保管价值的档案应根据具体情况具体处理，恰当组合，以便在一定范围内保持档案的最优化联系。

在这里需要注意的是，档案整理必须便于保管和利用，并非是通过它就能完全满足从多角度检索档案文件的一切需求。便于保管和利用既是档案整理的出发点，更是整个档案管理工作的出发点。不能要求在实体控制阶段就"毕其功于一役"，应由整个档案管理各阶段共同解决问题。应该看到，档案整理工作的任务只能是按一种规则排列档案实体使之形成有序结构，从而为档案的更好保管和进一步利用提供必要的基础。至于使档案信息能从多角度检索，满足一切查询要求，那是智能控制的任务，不能强求由档案的实体整理去完成。否则就只能今天按这一种方法整理，明天又按那一种方法排序，反而使档案实体易于损毁，不便利用。

第二节 档案室与档案馆的收集工作

一、档案室的收集工作

档案室的收集工作包括接收本单位归档的文件和收集未及时归档的平时文件两个方面

的内容。其中，文件归档是档案室收集档案的主渠道，平时文件的收集则是一种补充的形式。

（一）文件归档

各单位在工作活动中产生的文件材料办理完毕后，不得由承办部门或个人分散保存，必须由文书部门或业务部门系统整理，定期移交给本单位档案室集中管理，这就是归档。在我国，归档是党和国家明文规定的一项制度，并且以法律的形式固定下来，这就是通常所说的归档制度。归档制度是档案室收集工作的重要内容和最基础的工作，建立健全归档制度能够确保档案室档案来源的连续性，为国家积累档案财富提供重要保证。

1．归档范围

归档范围是指办理完毕的档案文件应该归档还是不应该归档的范围。决定文件是否应该归档的因素主要是档案文件本身的保存价值。根据国家档案局制定的《机关文件材料归档范围和文书档案保管期限规定》，以下几种档案文件都属于归档范围。

（1）能反映本机关历史发展情况，以及本机关的主要职能活动，并且对本机关的工作具有利用价值的文件材料。

（2）在机关工作活动中形成的，在维护国家安定、公民权益等方面的凭证性文件材料。

（3）本机关需要执行的上级机关、同级机关的文件材料，以及下级机关报送的重要文件材料。

（4）其他对本机关工作具有参考价值的文件材料。

不属于归档范围的文件材料，主要包括以下几种。

（1）备份的文件材料，如国家相关机关印发的文件，本单位内凡有备份的，均由主管单位负责归档，其余可不必归档。

（2）一般事务性，且没有保存价值的文件材料。

（3）未经会议讨论，未经领导审阅、签发的文件材料。

（4）未成文的草稿，以及经过多次修改的修改稿。

（5）与本机关、单位业务无关的由主管机关和非隶属机关发来的文件材料。

（6）本机关领导兼任其他机关职务期间形成的文件。

（7）一般人民来信。

（8）法律规定的不得归档的文件材料。

总之，确定归档范围的一般原则是：归档文件必须具有一定的保存价值，必须符合各机关文件材料的实际状况。各机关和单位应根据国家的统一规定和要求，确定本机关归档和不归档文件材料的范围。

2. 归档时间

归档时间是指文书处理部门或业务部门将需要归档的文件材料向档案室移交的时间。

《机关档案工作条例》规定：机关文书部门或业务部门一般应在文件办理完毕后的第二年上半年，即在次年6月底以前向档案部门移交。

《企业档案工作规范》规定：企业在经营管理工作、生产技术管理工作、行政管理工作、党群工作中形成的文件，一般应在办理完毕后的第二年第一季度归档。

某些具有一定专业性的文件可以另行规定合适的归档时间，如会计档案在会计年度终了后，可暂由会计机构保管一年，期满后，应当由会计机构编制移交清册，移交本单位档案机构统一保管；学校档案应当在次学年6月底前归档；磁带、照片及底片、胶片、实物等特殊载体则应在工作结束后及时归档，或和相应内容的纸质载体同步归档等。在这些文件中，科技文件的归档不同，它没有固定的归档时间，主要根据科技文件材料的不同类型和特点、不同的形成规律和利用需求来确定合适的归档时间。一般来说，有定期归档和实时归档两种。定期归档可分为按项目结束时间归档、按子项目结束时间归档、按工作阶段归档、按年度归档四种，实时归档适用于机密性强的科技文件材料和外来材料（外购设备的随机图纸、文字说明，委托外单位设计的文件材料等）。

3. 归档文件的质量要求

根据《归档文件整理规则》的规定，应该从下列几个方面检查归档文件的质量。

（1）归档的文件应齐全、完整，每份文件不缺张少页，并组成保管单位。

（2）遵循文件的形成规律，保持文件之间的有机联系，区分不同价值，便于保管和利用。

（3）卷内文件经过系统整理和编目。

（4）案卷封面填写清楚，案卷标题准确，案卷排列合理，编号无误。

（5）编制了完整的案卷目录和相关的文件。

（6）对已破损的文件应予修整，对字迹模糊或文件载体存在质量隐患的文件应予复制。

（7）归档文件所使用的书写材料、纸张、装订材料等应符合档案保护要求。

（8）在文书档案文件组卷时，一般应将文件按年度分开，不同年度形成的文件一般不可放在一起组卷。但是，跨年度的请示与批复，应放在批复年度立卷，没有批复的，放在请示年立卷。

（9）录音带、录像带、影片、照片等特殊载体的文件，应同纸质文件进行统一整理、编目，但要分别存放，在案卷目录上要注明互见号，以保持文件间的历史联系，便于查找利用。

（10）绝密文件和绝密电报应该单独立卷（少量普通文电如与绝密文电有密切联系，也随同绝密文电一起立卷）。

（11）对于不同保存价值的文件，应当分开组卷，以便日后向档案馆移交，防止拆卷重组问题的产生。

（二）平时文件的收集

平时文件收集是指档案室在执行归档制度之外对零散文件的收集。

1."账外"文件的收集

"账外"文件是指未经单位文书部门登记入账，在收、发文登记簿上无"账"可查的文件。"账外"文件主要有：本单位召开的各种会议文件材料；本单位领导人和业务人员外出开会或参观学习考察等活动中获取的文件材料；外单位直接寄发给领导人"亲启"的文件或直接给部门和有关人员的文件材料；本单位内部各种规章制度、统计数字材料等。

2. 专业文件的收集

专业文件是指在各项专业活动中形成的文件和特殊载体的文件材料。档案室在重视对文书档案、科技档案收集的同时，还应重视对各种专业文件的收集；在重视对纸质文件收集的同时，还应健全归档制度，重视对音像等其他载体文件的收集，确保档案室保存的文件门类齐全。

3. 零散文件的收集

零散文件的形成原因主要有两个方面：一是某些单位由于归档制度未建立或归档制度执行不严，致使文件材料分散保存在内部机构、领导人或业务人员手中，特别是未经收发室登记的文件和某些内部文件；二是由于机构调整、人员变动或发生搬迁、灾害等特殊情形，使归档文件不齐全、不完整。

二、档案馆的收集工作

档案馆作为党和国家的文化事业机构，是集中保管党和国家重要档案的基地，是社会各方面利用档案信息资源的中心。因此，它必须要以拥有丰富、优质的馆藏档案和资料为基础。做好档案的接收与征集工作是档案馆工作中一项非常重要的内容。

(一) 档案馆档案接收的范围

按照《档案馆工作通则》和《各级国家档案馆收集档案范围的规定》的文件精神，档案馆接收的范围包括如下几方面。

(1) 本级各机关、团体及其所属单位具有永久保存价值的档案，省辖市（州、盟）和县级档案馆同时接收长期保存的档案。

(2) 属于本馆应接收的撤销机关、团体的档案。

(3) 属于本馆应接收的中华人民共和国成立以前的各种档案。

对于第（1）条所列"本级各机关、团体及其所属单位"中的所属单位，在具体接收时要明确规定接收到哪一级所属单位。目前一般只接收到二级单位，档案馆各方面条件具备也可以接收到所属的基层单位。比如省、市档案馆，按规定应接收省（市）直属机关、团体、企业、事业单位的档案。如果接收到二级单位，就可以接收省直机关所属的公司（如百货公司、五金交电公司、服务公司、食品公司等）的档案。如果接收到所有的隶属单位，就要接收各公司所属的工厂、商店的档案。

党的组织关系在地方，属于地方和上级主管部门双重领导的单位形成的、以反映地方某项事业或建设活动为主的档案，经有关方面协商，也可以属于第（1）条范围内。

另外，集体所有制单位和典型私营企业形成的有进馆价值的档案和著名人物档案，经协商同意，也属于档案馆的第（1）条的接收范围。

(二) 档案馆档案收集的要求

为保证接收工作的顺利进行，档案馆在接收档案时，一般应符合如下要求。

(1) 档案整理编目规范。档案由有关单位收集齐全，并按规定进行系统整理。

(2) 档案收集完整。进馆档案应按全宗整理，保持全宗的完整性。一个全宗范围内文书档案、科技档案、音像档案和实物等各种门类和载体的档案应作为一个整体统一移交给一个档案馆。

(3) 档案检索工具齐全。接收立档单位档案的同时，应将其编制的组织沿革、全宗介绍、案卷目录等有关检索工具以及与全宗相关的各种资料一并接收。

(4) 限制利用意见明确。对自形成日期满 30 年仍能对外开放的档案，各有关单位应在移交时提出明确的控制利用意见。政府信息公开部门应对移交档案中涉及政府信息的，书面告知其原有公开属性。

（5）清点核对手续完备。档案移交时，交接双方必须根据移交目录清点核对无误，并在交接文据上签字盖章，一式两份分别由双方单位保存。

（三）档案馆档案收集的任务

1. 现行机关档案的收集

按照《档案馆工作通则》等文件的规定，现行机关档案中具有长远保管意义的部分，需要定期向档案馆移交。接收现行机关档案室移交的档案，是各级档案馆的经常任务。

在对现行机关档案的接收时间上，档案馆接收现行机关保管期满的档案时，有逐年接收和分段接收两种办法。逐年接收，就是每年对现行机关保管期满的档案接收一次；分段接收，就是要隔一定时期（如3年、5年）对现行机关保管期满的档案接收一次。一般采用后一种办法为宜。

现行机关档案产生和形成的档案文件数量多，完整、系统，并且具有连续性。收集这些档案时需要满足以下几方面的要求。

（1）按规定向档案馆移交的档案，应该收集齐全（与档案有关的资料、立档单位的组织沿革、全宗指南及有关的目录、索引等检索工具，随同档案一并接收），并按全宗作为一个整体归入档案馆，不得随意分散。

（2）进馆的档案必须真实。凡有疑点的档案，都要尽可能加以考证，如果一时难辨清楚，也要存疑，予以证明。

（3）在接收档案过程中，除了履行必要的交接手续以外，在档案进馆前应做好案卷的检查验收，具体可以按照自检、互检、检查小组检查接收的步骤进行。

（4）馆藏档案内容除具有普遍性特点以外，还必须反映本地区的特点，有独到的地方特色。各省（市、自治区）档案馆的馆藏内容，有别于其他省（市、自治区）的鲜明地方色彩。要把带有地方特点的档案，作为接收的重点，以防止档案内容的大量重复。

（5）现行机关移交档案时，必须根据移交目录，同接收档案的有关档案馆一起清点核对，并在交接文据上签字盖章，以便明确交接双方的责任，保证进馆档案的完整齐全。

2. 撤销机关档案的收集

撤销机关是指中华人民共和国成立前后，由于政权变更、体制改革、行政区划调整等原因而被撤销合并的机关、团体、企业、事业单位及其他社会组织。档案馆按国家规定接收这类机关、团体、组织的档案，也是档案馆档案收集的重要任务。

撤销机关档案，具有易分散、整理不系统、存在尚未办理完毕的文件等方面的特征。

为此，档案馆在接收撤销机关的档案时，除了应按接收现行机关档案的要求对所接收的档案进行检查外，还应注意以下问题。

（1）机关撤销或合并时，严禁将机关在历史活动中形成的文档予以分散、损毁、丢弃，而应将全部档案进行认真清理、鉴定，并妥善保管，之后按照国家相关规定，将这些档案移交相关档案馆进行管理。

（2）当某机关被撤销，其业务被划归到其他几个机关时，也不能将这个撤销机关原本留存的档案文件予以分散，而应将其视作一个有机整体妥善保管。然后由相关的单位通过协商的方式处理这些档案，当然也可以将其交给某个接管机关代管，或移交相关档案馆。

（3）当某个机关并入另一个机关，或几个机关合并为一个新的机关时，应按机关将其档案分别组成一个个有机整体，然后分别向有关档案馆移交，而不能将这些合并前的机关档案与合并后形成的档案混合在一起。假如接管撤销机关职能的机关，因为工作需要，可以在征得有关档案管理机关同意后，暂时代管撤销机关的档案。代管过程中一定要注意不要将撤销机关的档案与本机关的档案混淆，以便日后能清楚明白地将撤销机关的档案移交有关档案馆。

（4）机关撤销或合并时，假如存在还没有办理完毕的档案文件，应将这些文件转交给继承原机关单位职能的有关机关进行后续档案的处理。

3. 二、三级单位形成档案的收集

根据《各级档案馆收集档案范围的规定》的要求，各级人民政府的直属工作部门所属的独立分管某一方面工作或从事某项事业的行政管理机关和企事业单位，以及有代表性的第二、第三级单位形成的档案应向各有关档案馆移交。档案馆在接受这些档案时需要注意以下几方面的问题。

（1）避免不分重点，普遍接收

对二、三级单位形成的档案，档案馆必须择其有代表性的、典型的单位档案予以接收，而不能一味追求数量，采取普遍接收的办法。这就需要档案馆在接收档案前，要先做好调查工作，将本级机关或组织的所有的二、三级单位一一列举出来。在此基础上，按一定条件进行筛选，最后确定入馆单位的名单。

（2）避免不加选择，盲目接收

某些档案馆，为使馆藏数量增加，大量接收二、三级单位的档案，致使馆藏档案质量下降，数量"暴涨"，入馆的这种档案分类混乱、"玉石不分"、重复件增多（如统计报表、劳动及组织人事文件重复严重），给档案馆人员、库房设备等方面增加了压力，给档案管理（如标准化工作）带来了沉重的负担。

(四)档案馆档案收集的方式

一般而言,档案馆对档案的收集方式主要有两种:逐年接收和定期接收。逐年接收即每年接收一次档案,定期接收就是每隔一定时期(如3年、5年)接收一次。

但是,档案馆对科技档案的收集方式有所不同,实行相关单位主送制和科技档案补送制。

1. 相关单位主送制

对于普通文书档案而言,应按要求将其中具有永久和长期保存价值的所有档案都移交进馆。科技档案则不采取这种普遍接收进馆的制度,而是实行相关单位主送制,即对不同种类及不同项目的科技档案,按照国家有关规定,分别确定报送单位,主送单位报送档案中的不足部分由其他有关单位补充移交。

2. 科技档案补送制

建立补送制的目的,是为了及时反映进馆档案所涉及的科技、生产项目的发展、变化情况,保持馆藏科技档案的完整性和准确性。例如,进馆档案所反映的基建项目进行重大改建、扩建,产品改型、换代等,在这些情况下,原移交单位要向档案馆补送相关的科技档案。

第三节 档案的整理工作

使档案实体系统化、有序化的整理工作也可称为档案的整序,它主要是通过分类来进行的。整序的过程就是对档案实体分分合合,将它们分层次组成全宗群,全宗、系列和案卷(或保管单位)并进行排列的过程。

一、区分全宗和全宗群

档案整理首先从区分全宗开始,这不仅因为档案信息的有机关联性首先是在全宗这一层次上体现出来的,而且因为全宗是档案馆对档案进行日常科学管理的基本单位。衡量文件的价值以决定是否选择它们进入档案馆的工作,是以全宗为基础进行的;为档案编目、保管、交接档案,也都要按全宗进行。全宗在馆藏建设和对档案实体施行控制的过程中有举足轻重的地位。

全宗是一个国家机构、社会组织或个人在社会活动中形成的具有有机联系的档案整体。一个全宗，反映了一个单位或个人活动的全过程。同时，全宗也是档案馆（室）对档案进行科学管理的基本单位。

（一）确定全宗的构成方式

区分全宗实际上就是将产生于同一活动过程的档案集中在一起，以便使它们与其他各类档案区别开来。科学地确定全宗的构成方式是区分全宗的前提，而全宗的构成方式是指全宗围绕什么样的核心（主体还是客体）形成，因此，确定全宗的构成方式实际上就是在判断全宗范围和界限的基础上，确定全宗是围绕什么中心形成的。

然而，任何人类活动都是主体、客体之间相互作用的复杂过程，站在不同的角度，按不同的标准观察分析，对活动过程和文件据以形成的核心就必然会有不同的理解，得出不同的结论。机关档案室档案之所以应构成主体全宗，就是因为站在现行机关的立场上，必然把由本机关进行的全部活动，看作以本机关主体为中心进行的完整活动过程。但是如果站在更宏观的角度，即站在档案馆的立场上，从全社会的范围观察分析，对此又可能会有不同的认识，而且不同类型的档案馆的服务目标和担负的任务不同，所体现的社会需求和用户整体利益也不同。站在它们各自不同的立场上，分析形成全宗的人类活动过程和全宗本身的构成方式，其结论必然不尽一致。

具体来看，立档单位不是固定不变的，由于社会的发展，事业的进步，常常引起一些机关的增设、撤销或合并，这些发展变化常常给全宗的划分带来一些新的问题，需要在实践中认真对待。这就要求在具体划分时应该研究立档单位的各种变化情况，辨别哪些变化是根本性的，应当产生新的立档单位和全宗；哪些变化是非根本性的，不应成立新的立档单位和全宗。

1. 政权更迭及跨政权立档单位的区分全宗

不同政权中的政府性质立档单位，虽然职能相近或相同，但因所属政权的差异，名称会有一定的差别，因此决不能将跨政权的同一职能的立档单位视为一个单位，因此，它们的档案也不应构成同一个全宗。不同政权中的非政府性质的立档单位，如学校、社团、政党等，它们的档案可以构成一个全宗，但在具体的管理中应将他们按照所属政权的时间分为不同部分。不同政权中存在的具有较强政治色彩、对政权依附性较大的立档单位，如军事院校等，由于政权更迭中一般会进行重大的改造，因此其档案也应像政府性质的立档单位一样，构成不同的全宗。至于个人全宗，不管其立档单位或个人是否跨政权存在，也不管他们的政治倾向、职业等是否会发生重大变化，其档案都应构成一个全宗。

2. 临时性机构档案的区分全宗

各种临时性机构形成的档案，一般不设立新全宗。因为临时性机构的业务往往属于某机关或若干机关业务范围之内，存在的时间不很长，形成档案的数量不多。个别的临时性机构，独立性较强，存在时间较长，其档案也可以考虑成立新的全宗。

3. 立档单位变化所导致的区分全宗

在立档单位的政治性质无根本变化的情况下，主要是分析基本职能是否有根本变化。

（1）新建

新建立的机关、企业、事业单位，它们的档案可以构成一个全宗。例如，2017年银川市成立了辖区综合执法（监督）局这个新的单位，负责本市综合执法，此后，银川市辖区综合执法（监督）局的档案便可以构成一个新的全宗。

（2）独立

某一个单位原属一个立档单位，但后来这个单位被分离出去，负责原立档单位的部分职能。从它独立之后，它所形成的档案就可以构成一个新的全宗。

（3）合并

由两个或两个以上的撤销单位构成一个新的单位，这个新的单位一般与其原单位虽然前后存在一定联系，但在职能上却有明显差异，它们所形成的档案也应构成一个新的全宗。例如，我国在机构调整时，将中央粮食部和全国供销合作总社撤销，将它们合并到中央商务部，这样原中央粮食部、全国供销合作总社与中央商业部的档案应分别构成全宗。

（4）分开

当一个机关、单位被分割为两个或两个以上的单位，原来的机关、单位在分割之前应构成一个全宗。分割后形成的新机关、单位分别构成不同的全宗。例如，原北京市电子仪表工业局，在我国机构调整时撤销，分别成立电子工业总公司、仪表工业总公司、光学工业总公司，这些新成立的单位所形成的档案，应分别构成新的全宗。

（5）合署

当两个单位合署办公，但其文件又是分开处理时，它们所形成的档案，应分别构成全宗。例如，某市的纪委和监察局合署办公，但它们的文件又是分别处理的，它们所形成的文件也应构成不同的全宗。

（6）从属

当某一个立档单位由于工作的需要，后来变为某一个机关内部的组织机构时，改变之前形成的档案为一个全宗，改变后形成的档案为另一个全宗的一部分。例如，国家高等教育部（高教部）原为一个立档单位，后来变为教育部的内部机构——高教司。改变前为高教部全宗，改变后为教育部全宗的一部分。

4. 组织全宗与个人全宗档案的区分

个人全宗与组织全宗中的档案在有些情况下会出现交叉现象，也就是说某些档案既有一定的个人属性，又体现出自组织属性，如某个单位领导以个人名义发表的文件。对于这种情况，一般采用以下的处置方式：首先，凡是以组织的名义制发的文件都应归入组织全宗，个人全宗如果有必要，可以保留副本；组织全宗中不保存个人性质的文件，如个人自传、对个人情况的调查文件等；决不允许将具有组织与个人双重性质的档案文件抽出归入个人全宗中。

（二）全宗群及其划分

联系密切的若干全宗的群体，称为全宗群。在我国，全宗的组织常常通过组建"全宗群"来体现和维系全宗之间的联系。各个立档单位的工作活动不是孤立的，而是互有联系的，因此，一定的全宗之间也就有了必然的历史联系，这种具有时间、地区、性质等共同特征的，有密切联系的若干全宗的组合体，称之为"全宗群"。具体说。全宗群是指同一时期或地区，在纵向或横向方面具有相同性质的立档单位形成的若干个全宗构成的一个有机群体。组织全宗群的目的在于维护同一类型或专业系统的若干个全宗的不可分散性和保持文件材料在更大范围内的历史联系，便于管理和开发利用。

为了便于保管和利用，应该把互有联系的全宗组织到一起，维护一定类型全宗的不可分散性。全宗群首先按照档案形成的不同时期分为几大部分，如新中国成立前（革命历史档案、旧政权档案）后的档案，然后每一部分再按立档单位的类型和特点，对全宗进行细分。比如，按照立档单位的性质，把档案分成工业交通系统，农林水利系统，财政、金融、商业贸易系统，科学文化、教育、卫生系统等；或者按区域分类，分别组成全宗群。全宗群分类一般应和档案的分库保管相一致，一个或几个性质相近的全宗群应当集中保存在相同的档案库房内。

全宗群不是具体对档案进行整理和统计的一个固定的实体单位，而是在档案管理中起指导和组织作用的一种形式和方法。

（三）全宗的编号

各个档案馆都保存有一定数量的全宗，为了便于各项工作的开展，除了要对全宗进行一定的组织外，还应给每个全宗编一个代号，称为全宗号。

全宗号是档号的组成部分，在档案数量、全宗数量增加以及检索工作发展的情况下，全宗号对于档案系统化整理、编目、检索有十分重要的作用。

1. 全宗编号规则

第一，对全宗进行编号，要考虑馆藏全宗的特点及管理的方便。根据全宗的类型和数量合理编号。

第二，应为新全宗的编号留有余地，避免因新入馆的全宗打乱整个编号体系。

第三，全宗号应力求简洁，方便实用，不能过于烦琐。

第四，全宗与全宗号之间一一对应，一个全宗只能有唯一的一个号码，便于统计和检索。全宗号数应能如实反映馆藏全宗数量和档案出处。

第五，已编好的全宗号不得任意更改，应保持其稳定。即使某一全宗的全部档案都已移出，该全宗号亦不得挪作他用，以免发生混乱。

2. 全宗编号方法

对全宗编号的方法有很多且各不相同，归纳起来主要有序时流水编号法和体系分类编号法两类。序时流水编号法是按全宗进馆时间的先后顺序编号。这种编号方法简单实用，比较客观，适合全宗量不大、全宗类型较单一的档案馆采用。体系分类编号法是对全宗先进行一定的分类或分组，再编号。这种编号方法逻辑性、系统性强，层次分明，能反映全宗本身的性质和特点，但编制较复杂，其号码不易分辨和记忆。这种编号方法适合馆藏全宗数量大，全宗的时间、地域跨度大，类型复杂的档案馆采用。这两种全宗编号方法各有优缺点，在具体应采用哪种方法来编号时，档案馆应依馆藏全宗的状况而定。

全宗的编号与全宗在库房内的实际排列顺序有时一致，有时不一致。在一些规模较大、馆藏数量较多的档案馆，不一致的情况居多。全宗的排列可按全宗号顺序排列，也可按立档单位的历史时期、性质、所属系统、地区以及立档单位名称的音序或笔画排列。在我国，通常按全宗群来排列，即把同一时期、同一系统或相同性质的全宗排列在一起，以保持同类全宗之间的联系。一般来说，全宗的排列方法和次序对全宗的编号无决定性影响，当全宗在库房中的排放根据保管需要有所变动时，并不需要改变全宗号。但全宗号作为查找档案出处的一种手段，若与全宗的实际排列顺序相一致，则有利于迅速找到所需档案。

二、全宗内档案的分类分析

（一）全宗内档案系列的划分

划分系列在全部档案整理程序中是承上启下的环节。它不仅深化了由区分全宗开始的整序过程，而且为立卷及案卷排列等工作奠定了基础。分类必然是一个由总而细，从一般到个别的逻辑过程，如果不先分系列（或者说如果不事先拟订出全宗内的分类方案和分类规则并使文件据以自然地归类），反而先自下而上盲目地将文件组合堆砌成卷，势必造成各卷文件之间的交叉、重叠、混乱，以至于无法检索利用并使编目和统计难以进行。

划分系列包括选择分类方法、制定分类方案和类分文件等具体内容，它是在区分全宗的基础上进行的。两者的区别在于：区分全宗是站在宏观角度，以整个档案馆已经和将要收藏进馆的档案为受控客体，其目标是保证档案反映同一活动过程的完整性；划分系列则是站在微观角度以某一全宗内的全部档案为受控客体，其目标是改善全宗内文件数量多、内容杂又巨细不分、仍不便于检索的现状，使之分别归入相互联系、相互制约、层次分明、结构严谨的类别系列中去，从而有可能系统地提供利用。

（二）全宗内档案的分类

1. 全宗内档案的分类原则

全宗内档案分类总的原则是要科学、客观、符合逻辑，能反映档案的形成特点和规律。具体分类原则如下。

（1）根据全宗的性质和特点，选择适当的分类标准。能够恰如其分地揭示档案间的内在联系，使整个分类系统具有客观性，组成一个有机的整体，系统反映出立档单位的活动面貌。

（2）类目名称应含义明确，具有系统性，有合理的排列顺序。必要时，对类目所指范围和归类方法应有说明，以保证分类的一致性。

（3）分类层次简明，类目不宜过细、过多。一般来说，类目划分到二级至三级，使之能包容一定数量的案卷。另外，划分类别时应留有伸缩余地，以便随着实际需要增加或减少类别。

（4）分类体系的构成应具有逻辑性，遵守逻辑划分规则。一次分类只能使用一个分类标准，子类外延之和正好等于母类外延，子类之间必须界线清晰，不能互相交叉，类目概念应明确。

2. 全宗内档案的分类标准

全宗内档案的分类标准主要有文件的时间、来源、内容、形式四种，每一标准下又有不同的分类方法。

（1）按文件产生的时间分类

按文件产生的时间对全宗内档案进行分类，可用年度分类形成不同年份的档案，也可按立档单位在发展过程中形成的不同时期（或不同阶段）形成不同档案类别。

（2）按文件的来源分类

按文件的来源对全宗内档案进行分类，可按立档单位的内部组织机构形成不同机构的档案，也可按文件的作者形成不同类别的档案，还可按与立档单位有较稳定的来往通信关系形成不同档案类别。

（3）按文件的内容分类

按文件的内容对全宗内档案进行分类，可按文件内容所说明的问题（事由）分类，也可按文件内容所涉及的实物分类，还可按文件内容所涉及的地理区域分类。

3. 全宗内档案分类方案的编制

全宗内档案分类的表现形式是分类方案，它是用文字或图表形式表示一个全宗内档案分类体系的一种文件。当选用了某种联合分类法以后，就应该编制一份分类方案（又称为分类大纲）。分类方案的编制，应该注意以下几点要求。

（1）排斥性

分类方案中同级的各类地位相等，内容不能互相排斥（不能你中有我，我中有你），分类的范围必须明确。比如，按问题分类，所设问题各类地位相等，不能相互包括。第一类中设教育类，同位类就不能再设高等教育、中等教育类，因为教育类包括高等教育、中等教育……只能把它们设为属类。同级中设有人事类，就不能再设干部任免类，同样道理，既然设财务类，也就不能再设经费类。

（2）统一性

在编制分类方案时，首先要确定采用何种分类方法。第一级采用哪种方法，第二级采用哪种方法，都应明确规定、标示清楚。而在同一级分类中，不能同时并列采用两种以上分类标准。比如，第一级分类是采用年度分类，就不能同时并列组织机构或问题名称。如果是采取两种分类法的联合，那么不仅分类的第一级是统一的，第二级也应该是统一的。比如采用年度—组织机构分类法，第一级分类是年度，第二级分类是组织机构。

（3）伸缩性

档案是社会实践活动的产物，而社会实践活动是丰富多彩的。工作内容时而增加，时而减少，组织机构时而撤销，时而合并，因此，分类方案中的各类，均应留有伸缩的余地来增加或减少类别，以适应客观变化的需要。

为了使分类方案编制科学、实用，在编制分类方案前还应该做好调查研究工作，要查阅有关材料，了解立档单位的业务执掌。对于立档单位的组织章程、办事细则、工作计划与总结都要认真分析研究，从中了解和掌握立档单位的工作性质、职权范围、业务执掌，以便决定采取合适的分类方法；参考本单位原有档案，如果本机关已有旧卷，应该对原有档案分类基础做周密研究并吸取其合理部分，以补充与修正现有档案的分类方案；还应多方征求意见，经机关负责人批准施行。科学而实用分类方案的形成，必须及时征求文书与业务承办人员的意见，集思广益，防止闭门造车。因为他们对文件的内容与成分比较熟悉，尤其是经办人员对事件、问题的处理过程，更有彻底的了解。分类方案实施以后，往往发生文件与分类方案不尽相符的情况，造成分类困难，应该随时交换意见，对分类项目或增或减，清除障碍，交领导人审核批准。

三、立卷和案卷排列

（一）立卷

全宗内档案分类并不以划分系列为其终结点。一个系列内众多的文件决定了必须进一步在其中分类，才能便捷地检索利用某一份文件。这种分类往往是通过立卷实现的。

档案不同于图书，单份文件是零散的、大量的，一般不宜作为独立的保管单位，而且，文件之间常有密切的联系，若将有联系的文件随意分开，将会失去其原有价值。所以，人们在整理档案时，将若干互有联系的文件组合成一个有机整体，称"案卷"，将文件编立成案卷的过程称"立卷"或"组卷"。

案卷是密切联系的若干文件的组合体，它是档案基本的保管单位。通常也是统计档案数量和进行检索的基本单位之一。案卷是组成全宗的基本单位。立卷是档案整理工作的重要基础，立卷工作的好坏、案卷质量如何，是衡量档案整理工作水平的重要标志。

立卷工作的内容包括组成案卷单位，拟写案卷标题，卷内文件的排列与编号，填写卷内文件目录与备考表，案卷封面的编目与案卷的装订等工作内容。目前，我国文书档案基本的立卷方法是"六个特征立卷法"，即根据文件在问题、作者、时间、名称、地区和通讯者特征六个方面的共同点将文件组合成案卷的方法。比如，把同一个作者的文件组成一卷；把同一个会议的文件组成一卷等。按照文件的六个特征立卷时，一般不单一地采用某个特征组成案卷，而是综合分析文件之间的关系，选择其中最能说明客观情况的几个特征作为组卷的依据。

（二）编制卷内文件目录

卷内文件目录是固定立卷成果，揭示卷内文件内容，检索卷内文件的工具，应放在卷文件之首。从性质上分析，编制卷内目录属智能控制范畴。如果用计算机编目，应该先对每份卷内文件进行著录，然后将著录结果按档号排序，以卷为单位打印成书本式目录，即成卷内目录。在手工条件下，这道工序可暂时按传统习惯，包括在立卷过程中，即在案卷编好页码后，于专门印制的表格上，按照排就的顺序，对每份文件逐项著录。其著录项目，按目前的习惯做法是：文件责任者、文件题名（或内容摘要）、文件字号、文件日期、文件份数、文件在卷内的页码、备注等。

（三）案卷排列与编号

全宗内档案（或档案馆、档案室接收的案卷），经分类、立卷以后还必须进行系统的排列。全宗内各类的序列，已在分类方案中排定，所以通常所说的案卷排列，就是根据一定的方法，确定每类案卷内的前后次序和排放的位置，保持案卷与案卷之间的联系。案卷排列方法有以下几种。

（1）按照案卷所反映的工作上的联系来排列。

（2）按照案卷内容所反映的问题来排列。

（3）按照案卷的起止日期（时间）来排列。

（4）按照案卷的重要程度排列。

（5）按照文件的作者、收发文机关以及文件内容所涉及的地区排列。

（6）人事档案或监察、信访等按人头立成的案卷，可以按姓氏笔画、汉语拼音字母顺序或四角号码等方法排列。

上述几种排列方法可以单独使用，也可结合使用。对于不同类型、不同保管期限的档案，在案卷排列中应予以区分。

案卷排列完后应按排列次序编上案卷号，固定案卷的排放位置，案卷号作为档号的组成部分可提供案卷的出处。现行单位大多采取一个组织机构的案卷每年编一个顺序号的办法，或是整个单位一个年度的全部案卷编一个顺序号。历史档案、撤销单位的档案不再形成新的档案，可把一个全宗内所有的案卷统一编号。

四、编制档号

档号通常包括全宗号、案卷目录号、案卷号、件号、页号。档号主要是表示类别及其相互关系的一组符号。在档案的整理、统计、检索、提供利用以及库房日常管理等业务活动中都要运用和借助档号。这几种编号，不仅对档案的管理和提供利用有着现实的、制约的作用，而且对于档案工作的规范化和现代化也是不可忽视的一个方面。

具体来看，全宗号一般用四个符号标志，其中第一个符号用汉语拼音字母标志全宗档案门类，另三位代码用阿拉伯数字标志某一门类全宗顺序号。全宗号一经编定，就不要轻易变动，档案馆内的全宗号应该是固定不变的，即使某一个全宗全部移交出去了，该全宗号在档案馆内仍然保留着。全宗号有三种编法：一是按系统编号，如党群、政法、工交、农林、财贸、文教、科技等；二是按立档单位的重要程度编号；三是按进馆档案的先后顺序编号。实践证明，前两种方法对于同时进馆的全宗是适用的，但是有新的全宗进馆，就会被打乱或冲破。第三种方法简便易行，比较实用。

案卷目录号一般采用流水顺序编号法，必要时可在顺序号前加上表示档案保管期限、载体形态等特征的代字。如"永13"表示确定为永久保管的第13号目录。每一案卷目录所含案卷数量不超过100卷时，不另立案卷目录。案卷目录内案卷数量超过999卷时应另立案卷目录，另编案卷目录号。

案卷号是管理档案中最常用的基本代号，是著录案卷目录内每一案卷的流水编号，因此确定案卷号要确定卷内每个案卷的前后次序和排列位置。

件号或页号是文件立卷以后，进行卷内文件的排列，给每份文件以固定的位置，用数字固定文件前后次序的代号。案卷不装订成册时应编制件号，其间不许有空号。

第四章　档案统计与检索工作

第一节　档案统计与检索工作的内涵

一、档案统计工作的内涵

（一）档案统计工作的对象

档案统计工作的对象涉及档案、档案管理和档案事业的所有方面，凡是档案事业领域内可进行量的描述与量化研究的现象，都可以纳入档案统计工作的范畴。

档案统计工作是一般统计方法与技术应用于档案工作的过程，它具有统计工作与档案工作的双重性质。正因如此，档案统计工作具有统计工作规范化、科学化、制度化和体系化的基本特征。

（二）档案统计工作的基本要求

档案统计工作除了要遵守一般统计工作的基本原则，比如保证工作的真实性、科学化、规范化等之外，还要符合以下两个专业方面的要求。

1. 选择恰当的统计对象

一般而言，档案统计对象的选择要考虑一些因素，要对其进行统计工作的对象必须能够非常恰当地将档案工作整体情况的基本方面和关键因素反映出来。比如档案、档案相关工作人员以及档案工作机构的数量、质量、状态和变化趋势等。

2. 设置合理的统计指标

在档案统计工作开展的过程中，在设置统计指标和选择统计方法的时候，要注意它们能够对档案和档案工作各个方面的情况进行非常精确的描述。比如，在档案数量的计量单位的使用上，除了可以使用传统的"卷"，还可以有更灵活的选择，例如可以表达排架长度的"米",这样可以将档案的空间占有状态非常清楚地反映出来;在对档案利用情况的统计上,除了可以统计所利用档案的绝对数量,还可以对其相对数量进行统计。

(三) 档案统计工作的步骤

档案统计工作的步骤可以分为以下四个阶段。

1. 统计设计

统计设计在档案统计工作中属于前期的一个准备阶段,在这个阶段,主要的工作是对统计工作的总体目标、具体任务、具体进程和具体方法等进行总的规划。统计设计阶段的主要作用是对于相关的问题给予非常明确的规定,只有这样,才能够保证后续的统计工作顺利进行。

2. 统计调查

在统计调查工作这个阶段,基本任务是尽可能多地获取各种原始数据,其主要采用的调查手段就是利用各种不同的调查表。统计调查有不同的类型,根据统计工作任务的不同,可以将其分为综合性调查和专门调查。

第一种是综合性调查。综合性调查是统计调查的一种基本方式,其主体是国家统计机关和专业主管机关,属于国家统计工作制度的一项主要内容。综合性统计调查的表现形式是统计报表;它是带有强制执行性质的官方文件,要求各单位和个人以原始记录为依据,按照规定的格式、统一的计算方法和期限填报。

目前,在档案工作中,各级各类档案工作机构按照统一的规定向上级报送的统计报表主要有"中央国家机关、人民团体档案工作情况表""档案馆基本情况表"和"档案机构、人员基本情况表",它们是档案统计工作中最基本、最经常的一种形式。

第二种是专门调查。专门调查指的是因为某一个特定需求而进行的专题性质的调查活动。相对于综合性调查而言,专门调查不管是在调查的组织者、调查的规模方面,还是在调查对象和调查方式方面都有更为多种多样的选择。

上述几种专门调查的类型具有不同的功能,在实际工作中究竟采取哪种方式,应根据统计工作的目的、具体任务以及统计对象的特点确定。

3. 统计整理

统计整理就是要对经由调查统计所获得的原始数据进行诸如分类、审核和计算等处理,使其变得条理有序。统计调查的主要目的是为下一个阶段的进行提供较为规范、系统的数据。一般而言,统计整理的方法有以下两种。

第一种是统计分组。统计分组就是要对统计对象和与其有关的数据进行有效分类，然后根据已有的分类在每一个类别里按照一定的规则对里边的统计对象和数据进行处理。这样可以为下一步的统计分析提供非常可靠的数据基础。按照分组时采用标准的多少，统计分组可以分为简单分组和复合分组两种。简单分组就是只采用一个标准进行分组，复合分组就是采用两个或两个以上的标准进行分组。

第二种是统计表。在统计整理工作中，统计表不仅是一种常用的统计工具和显示形式，同时也是整理结果的一种非常直观明显的表达方式，在统计整理工作中十分重要。例如：将某省各市、县级档案馆在统计调查表中填报的馆藏档案数量及有关情况进行整理后，即可将整理结果用统计表列出。

4. 统计分析

统计分析是统计工作的最后一个阶段，就是要对统计整理的结果进行详细的分析和研究然后形成统计结论的工作。统计分析的目的是要发现其中具有规律性的情况和问题，研究其原因，最终得出有用的结论。统计分析的方法多种多样，一般而言，主要使用的有对比分析、相关分析与因果分析、静态分析、动态分析、综合分析、系统分析六种。

统计分析工作全部完成之后，统计结果应该总结成统计分析报告。统计分析报告是统计工作的最终成果，要将其提交给相关的领导机构和部门，这些报告将成为领导部门进行决策、部署工作、实施领导的依据。

（四）档案统计工作的意义

档案统计工作的作用和意义主要体现在以下几个方面。

1. 做好档案统计工作是档案管理的客观需要

档案管理的对象是数以百计、千计的档案，没有科学的统计工作，就不可能管好、用好档案。

2. 档案统计工作是对档案室工作实行监督管理的有效方法

作为一项重要的基础性工作，档案统计工作是帮助各级档案行政管理部门对下指导、履行监督职能的工具。

3. 档案统计工作是加强档案事业宏观管理的一项重要手段

国家各级档案管理部门要了解、掌握档案的形成、管理、提供利用的状况，分析档案事业的历史和现状，预测档案事业的发展趋势，制定有关档案工作的方针、政策和计划，都需要档案统计工作提供大量的、准确的、可靠的信息和数据。

总之，档案统计工作在国家档案管理中发挥着重要的作用。

二、档案检索工作的内涵

（一）档案检索工作的内容

档案检索包括广义和狭义两种含义。广义的档案检索包括档案信息存贮和档案查检两个具体的过程。狭义的档案检索只限于查找所需档案的过程。作为档案工作人员，需要掌握广义的档案检索工作的内容和方法，学会编制档案检索工具、建立检索体系，并且能够熟练地利用检索工具查找档案，以获得开启档案宝库的钥匙。

1. 档案信息存贮阶段的主要内容

档案信息存贮是指将档案原件中具有检索意义特征的信息，如文件作者、题名、时间、主题词等，记录在一定的载体上，进行分类或主题标识，编制成档案检索工具，建立档案检索体系的过程。它包括如下环节。

（1）档案的著录和标引

著录和标引是对档案的内容和形式特征进行分析、选择和记录，并赋予规范化的检索标识的过程；著录和标引的结果就是制作出反映档案内容、形式、分类和存量的可以用来检索的条目。

（2）组织档案检索工具

这项工作是指按照一定的规则，对著录和标引所产生的大量条目进行系统排列，使之形成某种类型的检索工具，并根据需要进行检索工具的匹配，组成手工的或计算机检索系统。

2. 档案查检阶段的主要内容

档案查检是指利用检索工具和检索系统查找所需档案的过程，包括如下环节。

（1）确定查找内容

确定查找内容就是要对档案利用者的检索要求进行详细科学的分析，由此确定档案利用者所需档案的主体，进而形成清晰的查询概念，然后借助检索语言把这些概念转化成为规范的检索标识。这个过程也可以称之为制定检索策略。

（2）查找

查找就是档案人员或利用者通过各种手段把表示利用需求的检索标识或检索表达式与存储在手工检索工具或计算机数据库中的标识进行相符性比对，将符合利用要求的条目查找出来。在手工检索中，相符性比对由人工进行；在机检过程中，则由计算机担负两者间的匹配工作。

（二）档案检索语言和符号

检索语言和符号是检索工作中存储档案形式和内容特征信息时使用的记录工具。它们的作用是规范检索语言，简化记录的形式，并作为利用查询的标记，使各种档案检索工具具有较高的查全率和查准率。

1. 档案检索语言

档案检索语言也称为标引语言，它是根据检索的需要而编制的一种专门语言；与自然语言不同，它是一种人工语言。检索语言具有如下两个特点。

（1）单义性

单义性是检索语言与自然语言的根本区别所在。自然语言是人们日常生活与工作交往中使用的语言。由于在不同的时代和地域，人们表达事物具有不同的习惯，所以就存在一词多义和一义多词的现象，例如："分配"一词具有经济学和行政学上不同的含义；"电脑"和"电子计算机"表示的则是同一个事物。档案检索过程中，如果使用自然语言，就会造成著录信息与查询信息之间的匹配误差，降低检索的查全率和查准率。例如：在检索中如果对"分配"一词不加限定，查找出的文件就可能不符合特定需要，造成误检。这类问题在计算机检索中更为突出。例如：对文件标引时使用"电子计算机"一词，在查找时却使用"电脑"一词，如果不加以人工的或自动的转换，两个词就无法匹配，从而造成漏检。而检索语言正是通过各种方法对自然语言加以严格规范，达到一词一义的效果。

（2）专业性

专业性是指检索语言的词汇和编排方法符合档案信息的特点，专门用于档案的标引和查找。

2. 档案检索符号

符号作为一种人工语言，在档案的整理、编目、保管、利用等工作中具有指代档案实体、固定档案排列次序、标示档案存放位置的作用。在档案检索工作中，无论是著录标引，还是组织档案检索工具，都需要利用符号的简洁、易于组合、指代性强等特点，来表达档案信息的逻辑关系和作为标识。

档案检索符号大致可以分为实体符号、容具符号和标识符号三种。实体符号包括档案馆（室）代码、档案分类号、档号、缩微号等。容具符号包括库房号、装具号等。标识符号包括著录项目标识符与著录内容标识符。这些符号相互结合，构成一个完整的检索符号系统。

（三）档案检索效率

检索效率指的是通过检索满足利用者特定要求的全面性、准确性程度；检索效率可以说是检索系统性能以及每一个检索过程质量的最基本的一个指标。我们在计算检索效率时通常采用查全率和查准率两个指标来衡量和表示。

查全率指的是检索结果对利用者要求满足的全面程度，也就是检索出来的相关档案与全部相关档案的百分比。与查全率相对应的叫作漏检率，漏检率指的是没有检索出来的相关档案和全部相关档案的百分比。

查准率指的是对利用者要求的准确程度的满足，也就是检索出来的相关档案与全部相关档案的百分比；与查准率相对应的是误检率，也就是指检索出来的不相关档案与检索出来的全部档案的百分比。

应该注意的是，查全率与查准率之间存在着一种互逆关系，即如果放宽检索范围，以求得较好的查全率，那么，查准率就会下降；反之，如果限制检索范围，以提高查准率，查全率则会下降。因此，我们在设计档案检索系统和进行检索时，应该从利用者的不同需要出发，确定适当的查全率和查准率指标。

（四）档案检索工作的意义

档案的收集、整理、保管等环节，是变分散为集中，化凌乱为系统，把档案妥善管理起来，以备长远查考利用。但是，档案在档案馆（室）是根据档案的形成规律，按其基本的整理系统排放和保管的，但是档案的利用者以及查用的角度是固定的。只有通过专门的检索工作，档案保管的一般体系和特定的查询利用之间的矛盾才能够得到妥善的解决。因此，档案检索是开发档案信息资源的必要条件，在档案工作中占据着非常重要的地位。具体而言，其意义体现在以下几个方面。

1. 检索是提供利用的先期工作

档案馆（室）为提供档案利用所做的直接的准备工作，以及具体解决每个案卷或每一份文件的查找，都是通过检索来实现的。检索工作在很大程度上决定着利用者是否能够及时准确地对档案进行利用。因此，有经验的档案工作者，在开展利用工作之前，总是花费大量时间和精力，准备好各种检索手段。

2. 检索是提高档案馆（室）工作水平的重要手段

每个档案馆（室）拥有丰富的藏量固然十分必要，而深入广泛地开发档案信息资源，是各项基础工作的继续和发展，是提高档案馆（室）工作水平、实现科学管理的重要手段。

3. 检索形成了档案业务工作中一个独立的重要环节

档案检索也可列入利用工作的范畴。而大量地存贮档案线索，有计划地建设检索体系，专门为查找档案材料提供手段，深入研究档案内容，特别是编写大型的工具书，系统地评价档案材料等，其具体的工作内容和独特作用，是档案工作中任何一个业务环节所不能包括和代替的。而且随着档案的开放、利用工作的发展和新技术的应用，检索的内容和领域将会进一步充实和扩大，检索的技术和方法将有显著的改进和提高。今后一定时期内，我国档案检索的基本趋势，将是逐步向现代化的电子计算机检索过渡，电子计算机检索与常规的手工检索两者并存，互相补充。检索形式多样化、系列化和检索系统标准化的程度，更将日益提高。

第二节　档案统计调查与档案统计资料

一、档案统计调查

（一）档案统计调查的主要任务

档案统计调查的主要任务是根据管理的目的和要求，采用科学的方法，有计划、有组织地搜索和统计资料的过程。档案统计调查的基本任务是取得各种原始数据和资料，对其中的有关数据进行核算。根据管理工作的需要进行定期调查和不定期调查、普遍调查和专门调查，为统计资料的整理和统计分析奠定基础。

（二）档案统计调查的基本形式

1. 制定数据统计报表

统计报表是下级档案管理机关和档案馆（室）按照统一的规定向上级机关以表的形式定期报送的文件，它是档案统计中最基本、最经常的一种形式。统计报表也是档案统计工作中的一种制度，建立基本的统计报表制度，对档案管理机关在统计工作中搜集必需的资料，及时地掌握情况，发现问题，进行指导，改进与安排工作，是十分必要的。

报表制度的主要特点是：填报单位都以原始记录为依据，按照规定的格式、统一的计算方法和一定的期限填送报表。制发统计报表必须兼顾需要和可能。调查方案的选择，要注意以尽可能少的人力、物力、财力取得尽可能好的调查效果。凡为社会主义现代化建设所必需，而基层单位和统计部门又确能执行的，方可制发。（国务院批转国家统计局《关于统计报表管理的暂行规定》）档案工作统计年报遵循这一原则，有若干张表格，并附有比较详尽的说明和指标解释，使人一目了然，使用起来比较方便。同时，根据《关于统计报表管理的暂行规定》要求所制发的报表，必须"简明扼要，不烦琐，防止重复和矛盾"，从档案工作实际情况出发，选定档案统计报表的指标，以取得全国档案工作情况的最基本数字。

2. 专门调查

专门调查是根据一定的目的、要求，临时组织起来的调查，它是统计报表的一种补充形式。在统计调查中，必须要有明确统一的、准确的调查目的和任务、调查对象、时间和地点，要有比较详细的调查提纲，才能确保档案统计调查的质量，从而以实事求是的态度取得比较准确的、可以综合的原始资料。

二、档案统计资料的分析

统计分析就是通过对统计资料进行科学、合理的归类以及比较研究，进而对档案、档案工作内部存在的联系和发展规律进行揭示的一项活动。对档案统计资料进行分析，是为了从这些繁杂的统计数据中挖掘出确定性、趋向性、规律性的情况与问题，然后对这些情况和问题是如何产生的进行具体的研究，最终得出正确的结论。统计分析是统计工作的目的所在。实际工作中应当根据具体统计工作任务、目标来恰当选用。但无论采用何种分析方法，其统计分析的基本工作过程大致相同：按照档案统计分析目的，拟定分析提纲（或方案）；收集统计整理的统计材料；采用一定方法对统计资料进行分析、研究；探寻影响科技档案及其管理工作的关键因素；得出科学结论并有针对性地提出解决问题的方法，形成档案统计分析报告等。统计分析方法主要有以下几种。

（一）对比分析

对比分析就是对可比对象及因素等进行对照比较，以发现其异同、差距乃至规律的方法。要采用对比分析法，分析对象一定要有可比性，且对比分析时，对比标准应保持一致，否则会产生不同分析结果。常用的对比分析方式：实际与计划对比——计划完成程度分析；本期与前期对比——动态分析；实际利用与可能利用对比——利用程度分析；部分与总体对比——结构分析；有联系的指标对比——强度分析；同类指标对比——类比分析等。下面主要介绍计划完成程度分析、动态分析和结构分析。

1. 计划完成程度分析

计划完成程度分析主要是用来检查、监督总体中各个体对计划执行情况的，通常用计划完成程度指标来进行检查和分析。

$$计划完成程度 = 实际完成数 / 计划完成数 \times 100\%$$

2. 动态分析

为研究现象在时间上的发展水平、速度并预见其发展趋势所进行的对比分析，称为动态分析。要进行动态分析，就须编制动态数列，即把积累和掌握的一系列说明同一现象历史的数据资料，按时间顺序加以排列。有了动态数列，就可以进行前期和后期的对比分析，研究各时期或各发展阶段的特点，从而认识其发展规律性，预见事物的趋势。积累的数据越多，分析结果就越接近实际，否则，就会产生较大误差。

3. 结构分析

结构分析是在统计资料分组基础上，通过计算结构相对指标来研究总体各组成部分的分配比重及变化情况，从而更加深刻地认识事物各个部分的特殊性质及其在总体中占的地位。结构分析是以总体数量作为对比标准，寻求各组成部分的数量在总体中的比重，一般用百分数表示，各组成部分比重的百分数总和需等于100%，其计算公式如下：

$$结构相对指标的各组数量 / 总体数量 \times 100\%$$

（二）平均分析法

平均分析法就是在同质总体内通过计算平均指标的办法，将各个体的数量差异抽象化，用以综合反映总体在具体条件下的一般水平的统计分析方法。平均指标是对总体内各个体单位某一数量标志的平均，用来反映这种数量变化所达到的一般水平，其一般形式为总体各单位的标志总量与总体单位数的比值。计算公式如下：

$$平均指标 = 标志总量 / 总体单位数$$

在统计分析实际工作中平均指标的计算，因个体或总体各单位在数量标志上的异同及总体单位数的多少等，会产生具体方法的差异，也可采用加权算术平均指标的计算办法。

三、档案统计资料的整理

档案统计资料的整理，是对统计调查得来的资料、数据进行分组汇总，使之更加条理化、系统化，以反映统计对象的总体特征。包括统计资料的审核、统计分组、统计汇总和填写统计表等工作步骤。

（一）统计分组

统计分组是指根据档案工作内在的特点和统计研究的需要，将统计总体按照一定的标志区分为若干组成部分的一种统计方法。其目的是把同质总体中的具有不同性质的单位分开，把性质相同的单位合在一起，保持各组内统计资料的一致性和组间资料的差异性，以便于能够进一步运用各种统计方法研究档案工作现象的数量表现和数量关系，从而正确地认识档案工作的本质及其规律，并做出正确的评价。分组标志是统计分组的关键，分组标志选择的是否正确，关系到能否揭示档案工作现象本质以及能否实现统计研究的目的。所谓分组标志，是统计分组赖以划分资料的标准或依据。分组标志主要有品质标志和数量标志两种。

（二）按品质标志分组

这是按照事物的质量或性质差异进行分组，比如将档案馆按照类型分组，利用者按职业分组等。按照品质标志分组能直接反映事物性质的差异，给人以具体、明确的印象，这种分组标志具有相对稳定性。

（三）按数量标志进行分组

这方面按照事物的数量标志去分组。在进行数量标志分组时，要注意数量界限必须能够反映各组的质量差别，这样才能揭示现象在量变中质的变化。在档案工作中，可以从以下几个方面进行统计分组：一是对档案管理的对象进行分组，即对档案实体、设备、档案人员、档案机构等进行分组，比如按照档案馆类型、档案类型、馆藏档案数量、全宗类别或全宗群分组；二是对档案管理活动进行分组，对档案工作的各项业务及其工作过程进行分组，比如按照要求量（调卷数）、工作效果（检索效率）、工作方式（服务方式）等进行分组；三是对档案利用者进行分组，比如按照职业、文化水平、年龄、性别、利用目的进行分组。

第三节 档案的著录与标引

一、档案著录

（一）档案著录的定义

档案著录是指在编制检索工具时，对档案内容和形式特征进行分析、选择和记录的过程。

通过著录工作，档案文件的主题内容、利用价值、存储位置、相互关系等信息就会集中显现出来，从而为编制检索工具奠定基础。

对一份档案进行著录，涉及三个方面，即著录项目、著录用标识符、著录条目格式。著录项目是揭示档案内容和形式特征的记录事项，是用文字对档案特征的表述；著录用标识符是为了使著录项目更便于识别而添加的辅助符号；著录条目格式是著录项目与著录用标识符在书面空间上的分布排列方式。

对一份档案进行著录，著录项目和著录用标识符按照一定的格式编写出来，形成的结果称为"条目"（又称"款目"），它是反映文件、案卷内容和形式特征的著录项目的组合。

（二）著录项目细则

著录项目可以对档案内容和形式的一系列特征进行揭示，包括题名与责任说明项、稿本与文种项、密级与保管期限项、时间项、载体形态项、附注与提要项、排检与编号项。其中，主要著录项目包括正题名、责任者、时间、分类号、档案馆代号、档号、缩微号、主题词或关键词，其余的则为选择项目。

1. 题名与责任者说明项

题名，还可以称为标题、题目。题名是表达档案主要内容和形式特征的一种概括名称。

正题名，正题名是档案的主要题名，一般是指单份文件文首的题目和案卷封面上的标题。

并列题名，以第二种语言文字书写的与正题名对照并列的题名，必要的时候应该和正题名一并著录。

副题名及说明题名文字，副题名是解释或从属于正题名的另一题名。说明题名文字指在题名前后对档案内容、范围、用途等的说明文字。

文件编号，包括发文字号、科研试验报告流水号、标准规范类文件的统编号、图号等。

责任者，也称作者，是对档案的内容进行创造并且负有责任的人，既可以是个人也可以是团体。

附件，指文件正文之后的附加材料，只需著录附件题名。如果附件具有单独的检索意义，可以另外著录条目，但是要加以说明。

2. 稿本与文种项

稿本，包括草稿、定稿、手稿，草图、原图、底图、蓝图，正本、副本、修订本、试行本、影印本、各种文字本等。

文种，指文件种类的名称，如通知、决定、请示、报告、计划、总结等。

3. 密级与保管期限项

根据档案价值确定的档案保管期限，一般分为永久、定期两种。

4. 时间项

时间项分为文件形成的时间和卷宗的起止时间。一般公私文书、信札为发文时间，决议、决定、命令、规程、规范、标准、条例等法规性文件为通过或发布时间；条约、合同、协议为签署时间，技术评审证书、技术鉴定证书、转产证书为通过时间，获奖证书、发明证书、专利证书为颁发时间。文件形成的时间一律使用8位阿拉伯数字表示，第1~4位数表示年度，第5、6位数表示的是月份，第7、8位表示日期。

5. 载体形态项

载体形态项著录档案的载体类型标识及档案的物质形态特征。

档案的载体类型分为甲骨、金石、简牍、缣帛、纸、唱片、胶片、胶卷、磁带、磁盘、光盘等。载体类型除了纸张之外，一般都依照实际著录。

需要注明载体的数量、单位与规格。数量以阿拉伯数字表示，单位用档案物质形态的统计单位，如"页""卷""册""张""片""盒"等。规格指档案载体的尺寸及型号等。

6. 附注与提要项

附注项著录档案中需要解释和补充的事项，有则录，无则免。附注项的内容依各项目的顺序著录，项目以外需要单独解释和补充的列在其后。

提要项是对文件和案卷内容的简介，应反映其主要内容、重要数据（包括技术参数等）。该项一般不超过 200 字。

7. 排检与编号项

排检与编号项是目录排检和档案馆（室）业务注记项，主要包括以下内容。

分类号是根据《中国档案分类法》和《档案分类标引规则》的有关规定确定的分类号。

档案馆代号是根据《编制全国档案馆名称代码的实施细则》对档案馆所赋予的代码。

档号是档案馆（室）在整理和管理档案过程中以字符形式赋予档案的一种代码。

电子文档号是档案馆（室）管理的电子文件的一组符号代码，在著录与条目的第二行的中间位置。

缩微号是档案馆（室）赋予档案缩微制品的编号，在著录与条目的右上角的第二行。

主题词是在标引和检索中用以表达档案主题内容的规范化的词或词组。主题词按照《档案主题标引规则》《中国档案主题词表》及本专业、本单位的规范化词表进行标引。

（三）著录用标识符

为了便于识别各著录项目、单元（小项）及其内容，著录时必须添加规定的标识符。

除了"题名与责任者项""排检与编号项"之外，各项目连续著录时，其前均冠以"．—"号，如遇回行不可省略，但各项目另起段落著录时可省略。标识符"．—"占两个格，回行时不应拆开；其他标识符只占一格。当某一项目缺少第一小项时，应将现在位于首位的小项的原规定的标识符改为标识符"．—"。

各著录项目及单元所使用的标识符，除"；"和"，"只在后面空一格外，其他规定使用的标识符均在前后各空一格。凡重复著录一个项目或单元时，其标识符也需要重复，不著录的项目或单元，其标识符连同该单元一并省略。

（四）著录条目格式

著录条目格式其实是著录项目在条目中的具体排列顺序及其表达方式。《档案著录规则》中明确规定，一般使用的条目格式为段落符号式，当然在实际的工作中，如果有需要，还可以采用表格式条目格式。

著录条目的形式可以采用卡片，卡片尺寸一般为 12.5 厘米×7.5 厘米，著录时卡片四周均应留 1 厘米空隙，如卡片正面著录不完，可接背面连续著录。

1. 段落符号式条目格式

段落符号式就是将著录项目分成很多的段落，在每个项目和单元之间使用规定符号进行区分的一种著录格式。在这种格式中每一著录项目及单元的数字不受限制，并与《文后参考文献著录规则》的规定相一致。

段落符号式条目格式将著录项目划分为四个段落。第一段落中分类号、档号分别置于条目左上角的第一、二行，档案馆代号、缩微号分别置于条目右上角第一、二行，电子文档号置于第二行的中间位置。第二段落从第三行与档号齐头处依次著录题名与责任说明项、稿本与文种项、密级与保管期限项、时间项、载体形态项、附注项，回行时，齐头著录。第三段落另起一行空两格著录提要，回行时与一、二段落齐头。第四段落另起一行齐头著录主题词或关键词，各词之间空一格。

2. 表格式条目格式

表格式是指将著录项目名称及填写位置印制成表格的条目式，这种表格式更加直观，易于掌握，但每一著录项目的字数受表格大小的限制。

实际工作需要使用表格式条目时，其著录项目应与段落符号式的条目格式相同，其排列顺序可参照段落符号式的条目格式。

3. 档案著录对象

档案著录的对象可以是一份文件或一卷（册、盒）文件。以一份文件为著录对象的称为文件级，以一卷文件为著录对象的称为案卷级。文件级著录是一文一卡，案卷级著录是一卷一卡。

新的归档文件整理规则要求以"件"为单位进行管理，因此在著录时主要采用文件级著录方式。对于新规则实施之前形成的"案卷"，可以在著录时采用案卷级著录方式。

4. 著录用文字和著录信息源

著录用文字必须规范化。汉字必须是规范化简化汉字，在出现了外文和少数民族文字的时候，其书写规则需要按照外文和少数民族文字的书写规则。所有项目的数字都必须使用阿拉伯数字。至于图形和符号，一般都应该照实著录，如果出现无法照录的情况，可以适当地改为其他相应内容，但是要加上"口"符号以示说明。

档案的著录信息主要来源是著录档案。一份文件或者一组文件在著录的时候主要依据的是文头和文尾，案卷著录的时候主要依据的是案卷的封面、案卷内的文件目录以及备考表等。如果出现著录档案本身信息不是很充足的情况，可以适当地参考其他相关材料。

二、档案标引

（一）档案标引的定义

档案标引是指在档案著录过程中，对档案的内容特征进行分析、选择、概括，赋予其规范化的检索标识。每一份（每一卷）档案都是用文字语言来记载内容、传达信息的，而且这些内容和信息都比较丰富、完善，但是在用户查找档案时，并不了解档案的全部信息，只是对试图查找的档案形成较为有限的概念，这样在档案的客观现状和用户的主观需求之间就会产生脱节现象。为了弥补这种脱节，档案检索工具应向用户提供标准化的标志以概括反映档案的内容，而用户也可以利用这种标准化的标志来查找档案。档案标引也就是将档案所用的自然语言转化为规范化的检索语言的过程，将对档案内容进行分析的结果转化为检索标识。

档案标引是档案著录工作的核心内容，通过标引环节，档案的内容特征获得检索标识，从而可以作为编制各类检索工具的基础。

（二）档案分类标引

1. 档案分类标引的方法

档案分类标引，指的是给每一份文件或者每一个案卷一个分类号，这个分类号作为依据进行条目组织档案分类目录的排列的索引。具体的分类标引的方法如下。

首先，熟悉分类表，了解分类表的编制目的、使用范围、分类原则、体系和结构。

其次，对需要进行分类标引的文件或案卷的内容有一个准确的掌握，并且对其进行详细的主题分析。主题分析是通过对档案的内容特征进行分析，准确提炼和选定主题概念的过程。正确的主题分析是保证档案标引质量的重要因素。

最后，根据其具体的内容将其归纳入最合适、最科学的类别。通过对题名进行分析和浏览过正文之后将主题确定下来，查阅分类表之后，找到确切相符的类目，标出分类号。在标引之后，应进行审核，以保证档案标引的质量。

2. 分类标引应遵循的基本规则

标引规则是在标引工作中运用标引语言的语法规范。制定标引规则的目的在于保证不同的标引人员遵守共同的方法进行标引，以保证标引工作的质量。为了保证档案分类标引的质量，《中国档案分类法》编辑委员会制定了《档案分类标引规则》，这个规则适用于编制分类目录、索引以及建立档案目录中心和数据库的档案分类标引工作，其中也包括基本规则的内容。

档案分类标引一定要将档案内容和其他的特征作为基本的依据，对文件和卷宗进行详细的主题分析。

分类标引必须依据档案检索专用的分类表及其使用规则，辨清类目的确切含义，绝对不能脱离类目之间的联系和类目注释的限定孤立地理解类目的含义。

分类标引必须符合专指性的要求，依据文件或案卷内容给出最合适的分类号。分类标引必须为充分发挥档案的作用创造条件，为此，应根据档案的具体内容和成分，在检索工作中提供必要数量的检索途径，确定适当的标引深度。

分类标引应保持一致性。各种文本、载体类型的同一主题档案所标引的分类号均应一致。对某些难以分类和因分类表无相应主题类目而赋予相近的类号时均应做好记录，以供审核时研究参考。

（三）档案主题标引

档案主题标引，就是通过对文件或案卷内容的主题分析，从主题词表中选择相应的主题词来标志其内容主题，存储在检索工具中，作为检索的依据。

1. 档案主题标引的步骤

首先，审读文件，确定主题。在此基础上，确定主题类型与结构。

其次，对主题进行概念分析，选定主题词。在确定主题类型和结构后，从词表中选定相应的主题词标志文件或案卷主题。在选择具体的主题词时，需要注意，要对主题分析的全面性和概念分解的准确性进行深入的研究，对利用者的检索需要进行充分的考虑。从主题词表中选出能够准确表达主体概念且具有较强专指性的主题词。

再次，给出主题标志。确定好要选用的主题词之后，要对各个主题词之间的关系进行明确，并且将这些主题词著录在条目上。

最后，审校。审校就是要检查，检查对于文件和案卷的主题分析是否正确，确定的主题概念是不是恰当，选定的主题词有没有很好地对主题进行了表达等。审校在主题标引工作中是不可或缺的一个步骤。

2. 档案主题标引的基本规则

主题标引应该客观地反映档案的主题，其依据应该是以档案论述的客观事物和研究对象。主题标引最忌讳的就是混杂进标引人员的臆测和喜恶。

标引档案的主题词一定是词表中的正式主题词。选词时，必须首先考虑选用最专指的主题词，不得以其上位词或下位词进行标引。在没有专指主题词的情况下，应该优先选择最为直接相关的主题词，并且对其进行组配标引。

如果出现组配标引还是没有办法满足要求的情况，可以采用最邻近的上位词或下位词进行靠词标引。一般应依据词族索引选用最直接的上位概念主题词进行标引，不能够使用越级上位主题词标引。还有另外一种办法，那就是用近义词进行靠词标引，也就是要根据范畴索引选取和主题概念最为接近的主题词进行标引。用近义词进行靠词标引，应依据范畴索引选用与主题概念含义最相近的主题词进行标引。

当上位主题词标引仍然不合适的时候，就需要采用关键词来进行标引。关键词指的是独立于主题词表之外的自然语言，关键词并没有经历过规范化处理的过程。在使用关键词进行索引的时候一般都要按照规定的手续作为后补主题词登录后才能使用，然后随着时间的流逝在他们中间选取出使用频率较高的将其转入到正式主题词中。

标引应以文件为单位进行，每份文件的标引深度，应根据文件主题的详略和重要程度而定。一般可标 3~8 个主题词。最少标引 1 个，最多不宜超过 10 个。手工检索系统应该控制词量，防止过度标引，以免造成系统负担过重，增大误检率。

第四节 检索工具的制作与使用

一、检索工具的制作及使用

（一）档案检索工具的种类

按照不同的标准，档案检索工具可划分为不同的种类。

按编制体例的不同，档案检索工具可划分为目录、索引、指南。目录，是指将通过档案著录标引工作编制成的条目按照一定的次序编排而成的检索工具，如分类目录、主题目录、专题目录等。索引，是指将档案的某一内容或外部特征及其出处按照一定的原则和方法排列而成的检索工具，如人名索引、地名索引、文号索引等。指南，是以文章叙述的方式综合介绍档案情况的一种检索工具，如全宗指南、专题指南、档案馆指南等。

按检索范围的不同，档案检索工具可划分为全宗范围的检索工具、档案馆范围的检索工具、专题范围的检索工具、若干档案馆范围的检索工具。

按功能的不同，档案检索工具可划分为馆藏性检索工具、查检性检索工具、介绍性检索工具。馆藏性检索工具是反映档案实体整理体系及其相互关系的检索工具，如案卷目录、全宗目录、案卷文件目录等。查检性检索工具是脱离档案实体排列顺序，从档案的某一内容或形式特征的角度来提供检索途径的检索工具，如分类目录、主题目录、专题目录、人名索引、地名索引、文号索引等。介绍性检索工具是指以文章叙述的形式介绍和报道档案内容及其有关情况的检索工具，如全宗指南、专题指南、档案馆指南等。

按载体的不同，档案检索工具可划分为卡片式检索工具、书本式检索工具、缩微式检索工具、机读式检索工具、网络检索工具。卡片式检索工具是以单张卡片为单位，每张卡片上著录一个条目，并将卡片按照一定顺序排列成查找体系的检索工具。书本式检索工具也称簿式检索工具，是将著录条目连续排列并装订成册的检索工具。缩微式检索工具是以缩微摄影方式制作的以胶片为载体的检索工具。机读式检索工具是以数码形式存储在磁性材料上，供计算机识读的检索工具。网络检索工具是档案馆在互联网上公布档案馆开放档案目录而形成的检索工具。

由于档案检索工具的种类比较多，每一种工具都能满足特定的应用需求。在实际工作中，大型的专业档案馆（室）所使用的检索工具类型比较多，而小型档案室对检索工具种类的需求比较单一。每一种检索工具都有自己的特点，在功能上既有互补性，也有重复性。因此，档案馆（室）不需要配齐所有的检索工具，而应根据自身的实际需求，充分利用档案检索工具之间的互补性建立检索体系，以高效率地构建完备的检索途径。

（二）常用检索工具的编制方法

下面说的是几种比较常见的检索工具编制方法。

1. 案卷文件目录

案卷文件目录也称为"卷内文件目录汇集"或"全引目录"。它是将一个全宗内的案卷目录和卷内文件目录汇编成的目录名册，兼有案卷目录和卷内文件目录的双重功能。案卷文件目录使馆藏性目录实现了对案卷和文件的配套检索。以"件"为单位整理与管理档案，取消"案卷"这一保管单位之后，可以直接将归档文件目录作为全引目录。编制案卷文件目录这种检索工具，只需将案卷目录和卷内文件目录依次打印，复印剪贴后装订成册，或者利用计算机编辑整合即可。可见，编制这种检索工具比较简便，直接利用归档文件目录即可；使用方法也比较简单，直接对照查找案卷或文件即可。但它也有一定的不足：当档案文件数量比较多时，目录条目相应也就比较多，保管不便，同时查阅也会比较费时。因此，这种检索工具比较适宜在小型档案室中使用。

如果档案室已经有了案卷这一保管单位，那么可以编制案卷目录。

2. 分类目录

分类目录是从机构的职能角度揭示馆藏档案内容，按照《中国档案分类法》分类表的体系组织起来的以分类号为排检依据的检索工具。其优点是将同一内容的档案信息集中在一起，便于按族性特征进行查找。分类目录打破了全宗的界限，不受档案实体整理体系的束缚，提供从档案内容入手检索档案的途径。分类目录还可以作为一种基本检索工具，派生出各种专题目录、重要文件目录等，向外报道馆藏，满足利用者的特定需求。

分类目录的基础是充分利用著录卡片，将以卷或件为著录单位的著录卡片按照一定顺序排列而形成。卡片是相互独立的，因此排列顺序比较灵活。检索者能从卡片上获得较多的信息（如摘要等），最大程度避免了频繁翻动档案原件可能造成的损毁。不过，所需卡片数量比较多，编制比较烦琐，不易管理。这种检索工具适宜在各种规模的档案馆（室）中使用，尤其适合保存有大量珍贵档案原件的机构。

目前各档案馆（室）的手工检索分类目录大多采用卡片式。下列为编制卡片式分类目录的基本步骤。

（1）填制卡片

应根据《档案著录规则》的有关规范和档案标引的有关要求在卡片上进行著录和标引；可以采用一文一卡、一卷一卡、多文（卷）一卡等多种形式。当一件（卷）档案需标引多个分类号时，应对该档案分别填写多张卡片。

（2）排列

卡片填写完毕后，需要对其进行系统排列，排列方式应以《中华人民共和国档案分类表》为准。排列时，应按分类号的顺序逐级集中卡片。具体做法：先按字母顺序排列，同一字母的卡片集中排放在一起，然后再逐级按阿拉伯数字的大小排列；类目排列顺序应与《中华人民共和国档案分类表》相一致。

在同一类目内，卡片的排列顺序可以根据档案以及利用特点采用不同的做法，但在一个档案馆（室）内应保持方法的一致性。常见的排列方法有按年度、发文级别、责任者、时间、地区、全宗等。

（3）设置导卡

将全部分类卡片排列完毕后，由于卡片的数量大，为了便于查阅，需要在卡片盒中设置导卡。导卡突出处应标明各类目的分类号和类目名称，便于检索者迅速、准确地查找到所需卡片。

(4) 编制分类目录说明

分类目录说明是对本档案馆（室）分类目录的介绍，由两部分组成：第一部分是分类一览表，即将档案馆（室）分类目录中所包括的类目按分类表体系顺序列出；第二部分是类目说明，即将归类原则以及每一类中档案的内容加以概要的介绍，特别要对交叉类目以及一些经过特殊归类处理的类目进行说明，以便于使用者了解类目的含义。

3. 主题目录

档案主题目录是根据档案主题法的原理，按档案主题词的字顺组织起来的目录。主题目录不受全宗和分类体系的限制，直接从事物出发按字顺查找所需档案，灵活性强，便于进行特性检索，但系统性不如分类目录。主题目录的优势在计算机检索中可以得到充分的发挥；将每份文件的主题词输入计算机后，能够以任何一个词作为检索项，查检出有关该主题词的全部文件。

主题目录的编制方法步骤：第一，根据主题法的原理，对文件进行主题分析，确定主题概念。第二，确定规范的主题词，并标明文献出处的一种目录。第三，选择标题形式。第四，确定主标题与副标题。第五，按字顺排列著录卡。第六，设置参照卡。

4. 专题目录

专题目录是集中、系统地揭示档案馆（室）有关某一专门事物、专门内容档案的检索工具。专题目录多采用卡片式，其编制方法步骤为选题→选材→填制卡片→排列。其中，填制卡片一般在选材过程中结合进行。卡片的填写形式有一文一卡、一卷一卡、多文（卷）一卡。在一个专题目录中，根据档案的情况，这三种形式都可采用。填写卡片应按全宗和类别进行，不同全宗和类别的文件或案卷不能填写在一张卡片上。卡片式专题目录的排列应打破全宗的界限，按卡片著录档案的内容分类来进行。具体而言，可以采用问题、时间、地区等标准将卡片分类集中。为了便于查找，应在类、项、目之间设置导卡。

5. 人名索引

人名索引是揭示档案中所涉及的人物并指明出处的检索工具。它是查找涉及人物档案的有效途径。人名索引的著录项目包括人名和档号两部分，两者对应，即可指出相关档案的所在；利用者通过索引的指示，便可查到记载某一人物的档案材料。人名索引可以按照姓氏笔画、汉语拼音字母顺序或笔形法排列。排列时，应注意区分同姓名而不同人的情况，以免发生误检或漏检。

6. 地名索引

地名索引是揭示档案中所涉及的地名并指明出处的检索工具，它可以为利用者提供查询有关档案的途径。地名索引的著录项目包括地名和档号两部分，一般按照地名首字的字母顺序排列。编制地名索引时，一定要考察清楚各个地区和机关在行政区划、名称等方面的沿革、变化情况，以免出现错误。

7. 文号索引

文号索引是揭示文号和档号之间对应关系的检索工具，它提供了按照文号查询档案的途径。文号索引一般采用表格的形式，通常称为"文号、档号对照表"。文号索引每页100格，代表100件发文，固定数字代表文号，如"01"代表第1号发文，"99"即第99号发文，满100号时即在"00"前注上"1"。101号自第2页第1号起。这样，1~100号在第1页，101~200号在第2页，依次类推。文号后面的空格填写相应档案文件的档号。也有的档案室编制项目比较全面的文号目录。文号索引这种检索工具只能揭示档案的一个特征（文号），难以传达其他信息，比较适用于有规范严密文号的机关档案，如单位的档案室和地、县级档案馆，省级以上的档案馆一般不需编制文号索引。使用者必须事先知道目标档案的准确文号，否则无法查找。这一缺陷限制了它的应用。

8. 全宗指南

全宗指南又称全宗介绍，是以文章叙述的形式揭示和介绍档案馆（室）收藏的某一全宗档案的内容、成分和价值的一种工具书。全宗指南的主要作用是介绍和报道某一全宗的基本情况，提供查询档案的线索。全宗指南的内容有立档单位的简要历史、全宗简要情况、全宗内档案内容和成分的介绍。为了便于利用全宗指南，可以编制人名索引、地名索引、目次、机关简称表等，作为辅助工具提供给利用者参考。

9. 专题指南

专题指南又称专题介绍，是按照一定的题目，以文章叙述的形式揭示和介绍档案馆（室）收藏的有关该题目的档案内容、成分的一种工具书。

编写专题指南可以在专题目录的基础上进行，这样既便于编写，又便于利用者将两者结合起来查阅。专题指南的选题原则与专题目录相同，其基本结构包括序言、档案内容和成分的介绍、附录。

（三）检索工具的使用

掌握利用检索工具查询档案方法，才能顺利地实现检索的目的，查找到所需的档案。档案检索（查询）的一般过程，从提出档案检索需求开始，到提取档案，大致有七个步骤。

运用主题分析法，明确检索要求，即了解清楚档案利用者究竟需要什么档案，将其需求归结为明确的检索主题概念。从利用者已经掌握的线索和档案馆（室）检索系统的情况出发，选择比较有效的检索途径，并将检索主题概念转换为检索标识。将表达检索主题概念的检索标识与检索系统中的检索标识进行相符性比较。根据查出的档案线索提取档案，进行甄别、筛选或利用。

二、检索工具的使用探索——计算机网络检索

随着计算机网络技术的发展，网络办公已经成为许多单位常规办公方式。计算机强大的处理信息的功能，与网络迅速传递信息的功能相结合，使档案计算机检索已经成为现实。计算机信息检索能够跨越时空，在短时间内查阅各种电子文献数据库，还能快速地对几十年前的文献资料进行回溯检索，而且大多数检索系统数据库中的信息更新速度很快，检索者随时可以检索到所需的最新文献信息资源。

（一）档案计算机网络检索系统的结构

计算机网络检索系统由硬件——计算机（服务器、主机及外围设备）、软件和数据库——档案目录信息、著录规则和记录格式、检索语言等要素构成。

计算机检索与手工检索的原理相同，也是由存储和查检两部分组成，在计算机中通常被称为输入和输出。在计算机检索的输入阶段，要将反映档案内容和形式特征的著录项目录入计算机，存入数据库，并根据检索需要建立相应的倒排文档。在输出阶段，要根据利用者的提问，编制恰当的检索策略，形成检索表达式，并将其输入计算机，在数据库中查找后将结果输出。

（二）建立计算机检索的步骤

1. 系统分析

系统分析是从整体上考虑检索系统的每一部分和建立系统的每一个步骤。其中，首要的就是明确系统应达到的目标和指标，如规模、查询途径、功能等，进行可行性分析。然后，需要进行工序分析、工作量分析、费用分析、时间分析。

2. 设备选购和安装

选购设备应根据技术系统的要求，从计算机的性能、容量、联网需要、扩展性能、维护条件、费用等多方面考察。除了计算机外，还要有必要的附属设备和适合的操作工

作室。

3. 人员培训

人员培训包括程序设计人员、计算机操作人员、著录标引人员、数据输入人员和日常维护人员的培训等。

4. 检索软件设计

档案计算机检索软件的设计应该由软件设计专业人员与档案专业人员共同负责,以保证检索应用系统具有良好的专业资料的检索功能。

5. 数据准备

数据准备就是进行档案信息的采集、著录。在档案计算机检索系统的建设过程中,工作量最大的就是数据的采集和录入工作,并且其质量将直接影响检索系统的效率。

6. 系统的检验和修改

系统设计过程中和设计基本完成后,应输入一定数量的数据进行检验,发现问题,及时修改。

7. 系统操作管理

操作不当、计算机病毒等都会使系统受到破坏。因此,应建立正规的管理制度,设置专门人员负责管理与维护。

8. 系统评价

在档案计算机检索系统建成并运行一个阶段后,应对该系统的功能、质量情况进行评价,以便发现问题、进行改进。

(三) 建立计算机检索系统的基本方法

建立计算机检索系统的实质是将档案著录信息输入计算机档案管理软件的检索模块之中。不同的软件具体操作方式可能存在差异,但是都包括一些通用的检索项。其基本操作方法步骤包括以下两项。

1. 安装档案管理软件

根据软件产品的说明书和要求,将管理系统安装到计算机单机或计算机网络中,并对其进行基本的初始化设置,如设置管理员的用户名和密码。

2. 录入档案信息

根据档案著录与标引的结果,将全部档案文件的相关信息输入管理系统之中,这是实现检索功能的前提。

打开归档文件录入窗口，在该窗口中填入各项信息。带有＊的项目为必填项。填完后，单击"保存"将信息存储，然后可自动进行下一份档案文件的录入。

全部档案信息录入完毕后，管理系统会显示所有档案文件的目录信息。

这里以查找关于安全生产工作制度的档案文件为例，说明计算机检索工具使用的基本方法。

第一，启动检索功能。根据软件菜单栏或功能栏的提示，点击相应的命令或按钮，启动档案检索功能。

第二，输入检索条件。在检索窗口的查询条件输入区中输入查询条件。可以输入多个条件，也可以只输入一个条件。如在"年度"中输入"2023"，在"机构（问题）"中输入"办公室"，在"主题词"中输入"安全工作"。

第三，开始查询并显示结果。输入检索条件后，单击查询按钮，即可显示所有符合该条件的档案文件。在该窗口中，显示了档案文件所在的档案盒编号，用户可依此找到目标档案。

第五章 档案工作者职责履行与提升

第一节 档案工作者职责概述

一、档案工作者职责的概念及内容

（一）档案工作者职责的概念

档案部门业务人员总称为档案工作者。档案工作者的范围在各国也略有差别。在中国，档案工作者泛指绝大多数与档案相关的工作者，即档案馆和机关、团体、企业事业单位档案室、档案行政管理部门以及档案科研、教育机构的相关业务人员。在美国，是指从事某一种或多种档案工作的工作人员。在日本，档案工作者则是指对有永久保存价值的信息进行评估、收集、整理、保存、管理以及提供阅览的专业人员，档案工作者所收集的信息包括照片、视频、录音、信件、文件和电磁的记录等各种形式，档案工作被认为是对各种各样的活动所形成的文件进行保管、保存从而传播于后世的工作。

档案工作者只了解文件和档案管理方面的专业知识是远远不够的，在当今时代，档案工作者还需要熟悉档案相关学科的知识，更需要具备现代的管理技能、良好的沟通能力、解决问题的能力等。而随着信息的发展，档案工作逐步的信息化，需要档案工作者进行档案信息化建设，这就需要档案工作者熟练操作电子计算机、熟悉档案操作系统、掌握新型档案管理的技能。与此同时，档案工作者还应具有良好的道德品质、职业热情和档案意识，充分发挥主观能动性，做好自身的本职工作，推动档案事业在信息时代稳定、健康的发展。

由此可见，档案工作者的职责是指档案工作者应该承担的工作责任和工作任务，通过做好自身的本职工作，来促进档案事业的发展。

（二）档案工作者职责的内容

档案是具有非流动性的，它记录着个人、团体和政府机构中产生的包含持久价值的信息。在现代的档案库中档案以包括文件、视频和录音、照片、磁带，以及更传统的未发表的日记、信件和其他手稿等形式所形成保存的记录。档案是人类日常活动所形成的产品。档案之所以为人们所利用，既为了它们的行政价值，也为了其所创造出来的目的之外的其他价值。

档案工作者的首要任务是从体力和智力两方面来建立和维持具有持久价值的记录。其工作内容也是五花八门的。如档案选择记录这个过程，首先需要对所记录的历史背景进行了解，对它们的目的、用途和其他来源的关系进行梳理，对档案进行整理、描述并记录，确定公认的标准和惯例；确保藏品长期完整的保存；协助研究人员；计划和安排展览；配合其他宣传计划的使用和对登记备案程序的支持等。所有的档案，特别是涉及行政的档案，都需要有良好的管理原则。除了传统的工作内容，在这个更加重视人类文明的新时代，档案工作者还肩负着更大的社会责任和历史责任。

1. 档案工作者的社会责任

《中华人民共和国宪法》规定：公民有提出批评的权利，且有申诉、控告、检举的权利；而《档案法》中也明确指出一个档案工作者应该承担的社会责任。各级人民政府应当在国家档案馆、公共图书馆、政务服务场所设置政府信息查阅场所，并配备相应的设施、设备，为公民、法人或其他组织获取信息提供便利。这为档案工作者履行职责提供了法律依据。

（1）档案工作者的社会责任及其依据

档案工作者有着重大的社会责任。每一个社会人由于社会分工不同，都需要承担不同的社会责任。而档案的本质特征是原始记录性，所以档案工作者的责任是完整地保存社会记忆。依据如下。

第一，依据档案的属性。档案本身具有社会性、历史性、确定性和原始记录性等属性。档案虽然以往是由政府部门产生的，但它却是整个社会所形成的共同记忆。档案工作者的职责是保存档案，也就是在保存社会记忆，通过了解档案，我们就能了解历史，了解整个社会的共同记忆，所以说档案工作者的社会责任是依据档案的属性决定的。

第二，依据档案工作的性质。首先，档案是历史文化遗产，档案馆是历史文化遗产的保管场所，档案工作则是保存这些历史文化遗产，所以档案工作具有文化性，档案工作者对社会文化保护应当负责。其次，档案工作的文化性还体现在其具有传播社会信息与文化的作用。因此，从档案工作的性质出发，档案工作者应承担社会责任。

第三，依据档案工作的地位。档案具有独特的魅力，它反映了人类的文化与文明。从这一角度出发，档案工作对于传承社会记忆、再现历史面貌起着相当重要的作用，档案工作在社会发展的进程中有着重要且不可代替的作用。由此可见，档案工作者是为协调社会的生产关系、实现社会利益最大化而服务的。正是由于档案工作的这一社会地位，档案工作是职与责的统一，档案工作者应该承担相应的社会责任。

（2）强调档案工作者社会责任的必要性

第一，有助于增强档案工作者的责任意识。在档案工作者队伍中，有个别人员存在责任意识缺失的现象，例如法律责任意识淡薄，有的甚至为了个人利益违反相关规定，不惜付出代价，不去计量后果，而这种行为一旦发生，就有可能对个人乃至国家的利益造成巨大的损失。因此，这种法律意识淡薄的情况需要引起重视，并进行规范。另一方面，档案工作者的社会责任意识在过去一直没有受到关注，强调档案工作者的社会责任有助于对这一问题进行深入的探讨，发现问题并解决问题，更进一步地加强档案工作者的责任意识，促进档案工作的开展。

第二，有助于信息时代档案工作者社会责任凸显。信息时代更加凸显了档案工作者的社会责任。档案工作者的责任不仅在档案本身，更在于广大人民群众乃至整个社会，高度体现了强调档案工作者社会责任的必要性。

第三，有助于档案事业的发展。档案工作者是档案工作的主体，所以对档案事业的发展起着至关重要的作用，只有档案工作者充分意识到自身工作的重要性、意识到自己对档案工作的责任、对整个社会的责任，才能使档案工作者站在社会的高度去理解自身对社会的价值和意义，才能更加努力地做好本职工作，这必定会有助于推动档案事业的健康发展。

2. 档案工作者的历史责任

档案作为人类历史文化遗产，是政府产生的记忆，也是整个国家和民族的共同记忆，是联系过去、现在与未来之间的纽带。档案这一独特的文化形式不仅可以满足人们追寻过去寻找根源的需要，满足人们研究历史的学术需要，更能够确保一个国家的阶级意识得以实现，提升人们的民族使命感和自豪感。尤其在中国，我国有五千年的文明史，是通过前人留下的"档案"我们才得以了解到遥远的从前。我国历史悠久，历经多次的演变和朝代的更迭，曾经辉煌过也没落过。中国曾经是世界上最强大的国家，经济、科技、文化各方面成就受到世界瞩目，这些历史都是通过先人留下的"档案"才得以流传到现在，得以让几千年后的我们所知晓。近年来，档案工作者加大了对这一历史档案的宣传力度，通过各种现代媒体对档案进行连续、集中的公开宣传，努力"用档案直播历史"，在舆论界刮起了一阵"档案旋风"，而且这股档案风正在刮向世界，波及全球。这不仅可以让我国人民深入了解历史，铭记历史，更让全世界都能更加真实地了解历史的真相。可见档案工作就是要对历史负责,档案工作者有着重大的历史责任。

档案管理和其他所有的职业一样,是社会分工的结果。伴随着社会的发展,档案工作也随之拓展开来,我国的档案工作者在维持着国家社会、经济、政治、文化、科技等诸多领域"社会记忆"功能实现的同时,已经形成了相当数量的职业群体,正是他们奠定了我国档案事业的基础,支撑起了档案工作的脊梁,促进了档案事业的发展。在现实社会有许多人对档案工作者的第一印象是"墨守成规的老古董",认为他们只是材料的保管者,无非是面对一堆旧纸,谁都能去任职,这样的工作对社会发展无关紧要,影响甚微,有他不多、无他不少。这样的观点,不仅会影响到档案工作者的社会地位,实际上也会使档案工作者迷失方向,造成责任感的缺失。而事实上,社会中的每一个人无一不与档案有着密切的关系,我们从一出生开始就形成了自己相应的档案,直到后来的人事档案等,其中都记载着我们每个人的经历与成绩,相对于人类转瞬即逝的短暂生命而言,档案则具有恒久的生命意义。只是在不用到它的时候,容易将它忽略而已。这样一份一份容易被人忽略的档案,白纸黑字地记录着社会进程中的每一朵浪花,而实际上却构成了我们的整个社会进程、历史进程。

档案工作者是历史的忠实保卫者,正是因为档案的产生和不断发展,档案工作者一直以来的忠实守护,我们才有了这五千年的文明史,中华民族的民族传统和文化才得以流传下来。因此,档案工作者有着重大的历史责任。

二、档案工作者职责的特点

文件管理员、档案工作者、图书馆管理员和博物馆管理员各以不同的技术原理作指导,处理来源与特点各异的材料。

如果对文件生命的连续过程进行分析的话,文件管理者和档案工作者在工作性质上的密切程度是显而易见的。文件管理者设立各种管理项目对一个组织现行文件的形成、分发、整理、保存、检索、利用、保护和处置进行经济、有效和系统的控制。

档案工作者则是其文件系统中值得永久保存的那部分文件的保管者(无论文件的形式如何),而档案的最大特点则是它的原始记录性。

图书馆管理员通常以购买方式采集出版物。出版物就其性质而言不具有唯一性,可以被替代。出版物有多种形式,通常它被有意识地采集,以服务于图书馆读者群的需要。为此,地方图书馆、医院图书馆和大学图书馆具有各不相同的馆藏策略。

图书管理员同样力图整理和控制其馆藏材料。通过参照一个预定的分类方案,如杜威十进图书分类法(在我国为中国图书分类法),进行适当分类来实现,分类方案将所有信息按主题或学科分类，分配给每本书籍的号码指示该书籍在书架上的"地址"，并大致表明其内容。

图书管理员通常以那些非常明确的材料为对象，比如它们有作者、出版商和题名，且无须考查确定其内在次序。图书馆管理员工作的另外两个重要特点与馆藏的检索和利用有关。用户可以查阅馆藏目录来确定感兴趣的书籍，也可以不受限制地在馆藏中浏览。一旦挑选到感兴趣的书籍，用户可以借阅并可带出图书馆。

博物馆管理员致力于搜集实物和制品以及所有阐述这些实物、制品的特点、用途和重要性的相关文件。这些实物、制品可能很稀罕，比如轨道式引擎的原型；也可能是某一时期日常生活中极其普通但却十分重要之事物的样板，比如电话。博物馆管理员注重搜集那些有关或反映博物馆的任务和目的的材料。例如，一个矿藏博物馆、一个表演艺术博物馆和一个社会历史博物馆，它们的目的、任务和服务对象各不相同，因此其馆藏策略也各有差别。

博物馆管理员同样着力于管理其馆藏材料，通过给馆藏的每一件藏品系统地编上一个永久、唯一的代码来实现，该代码无须表示该件藏品的存放地点或特性，它仅仅起到将该文件藏品与其相应的文书工作联系起来的作用。

三、信息时代档案工作者职责的转变

伴随着信息时代的到来，档案工作在不断发生着变化，档案工作者的职责也随之改变，信息时代对档案工作者的职责产生了新的要求。

（一）档案工作者档案管理介入点发生转移

目前，档案管理工作的介入点正在从归档移交端向形成端发生着转移，这主要是由于电子文件的产生所造成的影响。在信息时代，电子计算机的不断发展给人类的文明和进步带来了巨大的冲击，电子文件作为电子计算机的产物，也给人类的记忆工程带来了重要的影响。由于电子文件的内容、特性、打开方式及载体等与传统的纸质文件有很大的区别，导致我们在以往档案工作中所形成的管理方法和观念并不能发挥作用，所以档案工作者必须以新的理念去思考和摸索。目前，档案部门已经开展了"提前介入"工作。

1. 提前介入

"提前介入"又称"前端控制"，根据国际《电子文件管理指南》中的定义，"前端控制"就是在档案形成之前也就是文件阶段就对其进行干预，以确保不会因为这一时期形成的问题对后期的档案工作产生影响，提高档案工作的质量。

事实上，近几年档案人应该都对"前端控制"这个词汇并不陌生，大家可能一知半解，也可能似懂非懂。其实这些都不重要，重要的是这个词语本身就是在强化档案工作的前置。对于文件的表述，我们会用现行文件、半现行文件和非现行文件来诠释，其中非现行文件就是"档案"，现行文件是"前端"，半现行文件则是"中端"。文件和档案工作的节点就是归档，进入中端时算归档还是进入后端时算归档，这个问题一直以来并没有明确地说明，加入前端控制的思想基本上就可以明晰了，前端和中端的分界点就是归档，甚至更加前卫，前端的很大一部分也是归档的范畴。总结来说，档案管理工作的介入点大大提前了。

2."提前介入"存在的问题

电子文件的发展给档案工作带来了巨大的变化，"提前介入"对档案界也产生了一定的影响。现在，一些国家已经开始采取相应的措施来施行"提前介入"，但同时许多问题也随之产生。

首先，"提前介入"是否适用于纸质文件。随着电子文件的产生和不断发展，作为后端的档案馆发现有各式各样的问题与前端密切相关，倘若能够加以控制便可以避免许多烦琐的工作，也就能从根源上解决问题，可谓百利无一害。不得不承认从理论上来看，如果前端控制得以施行，电子文件时代面临的诸多问题便可以得到应对，但在纸质文件盛行的时代似乎并没有产生过类似提前介入的思想，所以说，时代变了，想法多了，但到底这种思想是否适用于纸质文件还有待时间去证明。

其次，"提前介入"是否能真正地开展于档案工作中，是否能站得住脚。一直以来，在享受电子计算机带来的方便快捷之余，有时会忽略随之产生的许多问题。例如，电子文件是否能完整地保存、是否存在安全方面的隐患等。这些问题不仅有关是否能顺利地开展"提前介入"工作，更直接影响到电子文件的归档质量和开发利用，甚至影响到整个档案事业的发展。

3."提前介入"的方式

"提前介入"归根到底是文件生命周期的产物，在我国，许多档案学者较早地提出"把归档环节提前到文件的形成阶段"这一观点，但由于观念、体制和管理等多方面的原因，"提前介入"工作在我国并未真正地开展，在当今的信息时代，要想有效地做好"提前介入"工作须从以下几个方面着手。

（1）转变观念

在电子文件时代，想要顺利地开展"提前介入"工作，只依靠档案工作者单独的努力是远远不够的。在以往的纸质文件时代，文件和档案的管理和体制是分开的，文件工作者和档案工作者各司其职。但现如今，档案工作与文件工作的界限已受到冲击，档案工作者不再只是等待文件工作者提交的成果，他需要在原来的文件工作阶段就开始参与进来。档案管理活动不再是等到归档阶段，而是在前期就要开始进行起来。所以，在这里提到的"转变观念"不仅是档案工作者观念的转变，而是包括文件工作者以及其他与档案工作相关人员观念的转变。文件工作者在其中的重要性自然无须多言，另外，电子文件的使用和管理也离不开电子计算机工作者的协助。电子文件从产生阶段就开始依赖为之设计的专门的系统。档案工作者能否熟练掌握及应用这些系统，都需要相关专业人员的指导。这样看来，只有档案工作者、文件工作者和其他相关工作人员都能够转变观念，认识到自身的工作对于档案事业的发展所产生的价值，认识到自身在这项事业中的重要性，就可以变被动为主动，从而促进"提前介入"工作的顺利开展。

（2）制定管理规定，明确规范标准

从电子文件的产生到电子档案的利用，其中包含数个环节。一方面，"提前介入"是电子档案工作的第一个阶段，这一环节如若制度不清楚、考虑不周全，很可能对电子档案的真实性、完整性造成很大的威胁，也就是说这一阶段关乎电子档案的质量和永久性，所以尤为重要。只有建立一套完整健全的管理制度，才能从源头上确保电子档案的完整和真实；另一方面，电子档案由于类别、领域的不同，其著录方法、保管期限等也存在差别，需要不同的规范和标准。所以，在工作中档案工作者要在传统纸质档案管理系统和标准的基础上，结合电子档案的实践来制定出各类不同电子档案的电子文件著录、归档、存储等方面的规范和标准。

（二）档案工作者职能角色发生变化

19世纪至今，档案工作者的职能、活动及社会作用经历了四个阶段。分别是档案的保管者、建构者、传播者和发动者。

1. 档案的保管者

在19世纪的欧洲，档案职业大多关乎政府部门的司法与证据。档案工作的重点是将政府所产生的司法遗存进行整理和编目，而不对这些对象进行任何的介入和改变，以确保这些"证据"不会产生损坏。所以，最初对档案工作者的定位是"政府机构司法证据的守护者"。可见，这一时期档案工作者的角色是档案的保管者。

2. 档案的建构者

20世纪30年代到70年代，各个国家产生的文件数量急剧增多。这主要是以下几点原因导致的：第一是文件产生的主体发生变化，产生文件不再是政府部门的专利，公司以及其他个人都开始源源不断地产生文件。第二是学者研究内容发生了转移，历史学者研究的兴趣不再只是政治，而是转向经济和社会方面，这样档案馆就要对这些领域的文件进行收集。第三是由于科学技术的发展，档案的载体不再只局限于纸质档案，而是产生了其他形式，如照片、磁带和口述传记等，这也使文件的数量大大增加。第四，在二战以后，随着全球文化的互通有无，许多落后的国家也开始认识到档案的重要性，并开始使用档案。种种原因导致的结果就是档案数量空前的剧增，而面对这些数量庞大、纷繁复杂的文件，档案工作者就要开始决定将哪些更加珍贵、更加有价值的文件作为档案永久地保存下来，这样一来档案就不是自然遗存了，而是被档案工作者有意识地选择和创建的。这一时期，档案工作者是档案的建构者。

3. 档案的传播者

20世纪70年代，后现代主义理论开始盛行。它表达的思想是前卫的、抽象的，反对"同一性""整体性"，崇尚差异性，例如它认为档案这一记录并不是所谓的"真相"，而是存在许多的认识、许多个真相。档案的鉴定也不再通过传统的方法和理论，其重点变成记录更多的东西，既包括国家，也包括公民；既记录主流的声音，也记录异议的声音。档案工作呈现出复杂、多样和偶然的特征。这就要求档案工作者要将档案意识传播到社会的各个角落，这样才能听到更多的声音。这一时期，档案工作者是档案的传播者。

4. 档案的发动者

在当今社会，随着电子计算机的发展，世界经济和文化都变得更加多元化，社会中有太多的记忆，档案馆能够搜集并保存的仅仅是其中的一部分，更多珍贵的记忆需要我们每个社会人的共同参与和记录。随着物质文明的不断发展，我们也更加注重提倡精神文明，更多人的档案意识正在不断提升，这也是让他们参与到档案事业中的有利条件。而科学技术的发展，尤其是电子计算机的发展也带来了极大的便利。通过网络，每个人都能够成为自己的作者、制片人、摄影师，所以在这样有利的条件下，档案工作者应该成为社会大众参与档案事业的引导者、宣传者，鼓励每个人建立自己的在线档案，而并非一定要将所有的档案都保存到档案馆中，这将是档案事业的突破性进展。在这一时期，档案工作者是档案的发动者从最开始的司法遗产到现在的社会建档，档案工作随着时代的发展不断地变化。档案工作者也在这四个不同的阶段由被动的保管者变成积极的建构者、传播者和发动者。现如今，他们正在接受来自信息时代新的挑战。

第二节　档案工作者职责履行产生的影响

一、信息时代对档案工作者职责履行的积极影响

（一）信息技术提高了档案工作者立卷效率

档案工作的基本内容包括：档案的接收与征集、整理、鉴定、保管到编目与检索、编辑与研究及最后的提供利用服务。档案的收集是档案工作的第一个环节，而立卷工作就是文书部门将大量的文件进行收集、整理和归档，它是文书工作的结束，也是档案工作的开始，是文书工作和档案工作的"交接点"，可以说是非常重要的一个环节。所谓好的开始是成功的一半，文书立卷归档工作的好与坏直接影响到整个档案工作的流程。伴随着信息时代的到来，信息技术的发展对立卷工作产生了一系列积极的影响，主要表现在以下两个方面。

1. 避免重复劳动，提高工作效率

传统的立卷工作量大，所有的材料都是通过手写完成的，可以说是完全手工进行的。有时案卷封面、文件目录以及内容等都要一式几份，这导致档案工作者每天的书写量达到几页甚至几十页，而且一旦有错字或者染上污迹就要毁掉重写，这就造成了许多不必要的重复劳动，不仅耗费时间也浪费精力。现如今，电子计算机的发展给这类工作带来了变化，字打错了只要删除重新输入就能直接解决问题，这不仅节省了档案工作者的时间和精力，同时也让档案工作变得轻松起来。

2. 实现档案信息资源共享

在传统的纸质文件时代，文件和档案的管理是分开的，文件和档案工作者各司其职，所以档案工作者对文件的完整性和质量并不了解，不能进行干预，从而导致移交的文件未能达到标准而影响档案的质量，造成工作效率低下。在现如今，随着信息的发展，尤其是电子文件的产生，档案工作者可以通过电子计算机对档案的管理进行"提前介入"，这就实现了文件部门和档案部门的资源共享，也可以大大提高档案工作者的立卷效率。

（二）信息技术提高了档案整理工作的效率

档案的整理是档案工作的第二个环节，收集来的档案数量是庞大的，状态是零乱的。

这就要求档案工作者对其进行系统的整理,按照特定的原则开展分类、组合、编号等工作,使之系统化、有序化。档案整理是档案管理中的一项基础工作,对档案工作的开展有着重要的意义。在当前形势下,传统的整理方法已经不能满足档案工作的要求,信息技术对档案整理工作产生了积极的影响。

1. 信息技术的产生丰富了档案整理理论

信息技术在档案整理中的应用使这项工作摆脱了档案实体的束缚,又多项记录了档案之间的历史联系,使档案能够完整地记录历史的同时满足档案利用者更多的需求,这表明了传统的档案实体整理理论不再是档案整理的唯一方法,这方面实践的成功也使档案整理理论更加丰富。它的应用也证明了当前档案整理逐渐出现了实体整理和历史整理的分化,其中实体整理是指对文件实体进行整理并排序的工作,历史整理则是对档案中体现出的多项历史联系所进行的整理。新的档案整理理念丰富了档案整理理论。

2. 信息技术的应用维护了档案历史联系的完整性

传统的档案实体由于载体等原因容易遭到破坏,而且很难修复,这就可能导致某段历史会出现空缺。随着信息技术在整理工作中的应用,档案之间的历史联系不再依赖于档案实体,而是独立存在。首先,就算档案实体遭到破坏,档案的历史联系也是完整的;其次,档案不再分置于不同的地方,而是可以按照原有的历史联系进行排序。这样不仅确保了历史联系的完整性,更能使历史能够被完整地记录下来。所以说,信息技术的应用维护了档案历史联系的完整性。

(三)信息技术对档案利用产生的积极影响

一切档案工作的最终目的都是满足社会利用档案的需要,即档案利用。档案长期以来由于时间、空间等因素的限制,无法方便快捷地提供给社会公众,这使档案自身的价值并未得到充分地实现。近年来,随着物质文明的丰富,精神文明也逐渐受到重视,再加上社会的发展,种种原因导致公众对档案的需求呈现上升趋势。而信息技术、网络技术的应用恰好给这一需求提供了可靠的技术支撑。现代信息技术使档案利用突破传统的管理理念,挣脱了时间、空间的束缚,实现了档案的全面开发与利用,为公众利用档案提供了方便快捷的途径,使档案的价值得以更大程度地实现。信息技术对档案利用所产生的积极影响主要体现在以下两个方面。

1. 信息技术对传统档案利用服务的促进

传统的档案工作基本属于档案实体的管理,由于我国几千年的封建传统文化的影响,传统档案工作多数是采用半封闭甚至全封闭的管理模式，所以档案利用服务属于等客上门的较被动的服务方式。而从服务对象上来看，大多数也是一些机关事业单位的工作人员，由于工作需求等原因进行查询都在服务方式上，也都是代办查档等窗口服务。因此，档案利用服务从信息需求度、服务对象以及服务方式等方面都比较单一。而随着信息技术的发展，在当今的网络环境下，档案信息服务在技术设施上逐渐现代化，在服务理念上也更加成熟化。相比传统的档案利用服务，如今的档案部门给档案利用者提供了更加先进、完善的档案利用服务。

2. 信息技术环境下档案利用服务的创新

档案网站的建立给档案利用者提供了网上的信息检索服务，这是对传统档案利用服务的极大创新，它突破了时间和空间的限制，使用户们即使相距万里也能通过互联网查到需求的档案信息，这在很大程度上促进了档案服务的开展，满足了用户的需求。

信息时代档案利用服务的创新不仅是在技术上，更是在理念上，各档案网站从自身情况出发，贯彻"用户第一"的服务理念，开展档案的个性化服务，也体现了国家打造阳光政府的政策落实，拉近了政府与公众的距离，提高了公众的参政意识，可见信息技术对档案利用产生了积极的影响。

（四）现代科学技术让档案工作者能够更好地保护档案

由于自然和社会分工种种原因，档案或是遭到破坏，或是处于自毁过程中，而档案作为一种珍贵的原始记录，有时时间越久价值越大，社会利用也要求档案可以完整以及长远地保存下去。为了解决档案自身寿命的有限性与社会对档案长远的需要之间的矛盾，档案保护工作也显得尤为重要。随着社会的进步，档案的开放性逐渐增强，档案的利用率也逐渐提高。在过去，档案丢失、受损的情况时有发生，由于档案库房温度和湿度调节不当而造成的档案变质的情况也屡见不鲜。随着现代科学技术的不断进步，这些问题在很大程度上得到了解决。现代科学技术对档案保护的积极影响表现在以下两个方面。

1. 现代科学技术对传统纸质档案的保护

档案是一种珍贵的不可再生资源，过去留存下来相当一部分的历史档案记载着人类社会的重大成果和重大变革，是先人留给我们的宝贵财富，也是历史赋予人类共同的文化财产。由于种种原因，其中一部分档案都已经遭到破坏甚至消失不见，对于现有档案的保护工作，相关工作人员有时也会力不从心。而随着现代科学技术的发展，档案保护过程中的一些问题已经得到了解决。首先，在档案虫霉防治方面已经有了极大的发展，如纳米纸的研发与应用。纳米材料对于档案库房霉菌感染起到了预防作用，解决了档案纸张发霉的问题，使纸质档案可以保存得更长久。再如，档案修裱技术的发展和创新，在这方面安徽档案馆发明了档案修裱机，将传统档案修裱技术与现代机械完美结合，使档案修裱技术得到了提高，酶制剂的应用也解决了档案修裱中遇到的"档案砖"的问题，这就使得以往珍贵的档案能够更多地得到保护和利用。

2. 现代科学技术对新型载体档案的保护

随着信息技术的发展，出现了新型载体的档案，主要包括音像档案（照片、唱片、影片、录音带等）和电子档案（早期称数字文件，近年来逐渐变为电子文件），新型档案载体的出现对档案的保管条件也有了更高的要求。档案保护工作不仅是对档案载体的保护，还包括对档案本身真实性的保护。首先，现代科学技术的发展促进了档案库房建筑技术的发展，智能化档案库房应运而生，它运用自动化计算机操作代替传统的人工操作。智能化档案库房包括办公自动化、通信自动化和楼宇自动化系统，三者通过现代科学技术进行了有机集成，既经济适用，又实现了对档案更好的保护，体现了以人为本和谐发展的理念。其次，由于电子档案的特殊性，它是否已损坏、内在信息是否完整，有时光从外观是看不出来的，有可能在外表看来无任何损坏，但其保存的信息已无法读取，针对这种现象，"集群式存储载体"的出现也在一定程度上解决了这一问题，如磁盘整列、磁带库等，这些设备将多个单一的存储载体集合起来，组成集群式载体，当其中某个单一载体遭到破坏时其信息就会自动、安全地转移到该集群中的其他载体上去，这就给档案的完整性增加了一道保障。可见，现代科学技术给档案保护工作带来了积极的影响。

二、信息时代对档案工作者职责履行的挑战

（一）网络安全对档案工作者保护档案安全的挑战

网络安全是指通过采用各种管理措施和技术，使网络系统正常运行，从而确保网络数据的完整性、可用性和保密性，以确保网络系统正常的运行。随着网络技术的不断发展，网络的应用范围越来越广泛，档案工作也随之逐渐地电子化、网络化，在享受网络技术便利的同时，网络对档案信息安全也造成了一定程度的威胁。

在当今的网络环境下，档案信息安全主要包括档案信息系统、档案信息内容、档案信息硬件和软件等方面的安全。保护档案信息安全，要实现档案信息的完整性、保密性、可用性和可控性。对档案信息安全的威胁具有突发性、蔓延性、隐蔽性、无边界性等特征，也就是说档案信息安全问题随时随地都有可能发生，而且一旦发生，将危及个人、集体乃

至一个国家的利益，所以更加不容忽视。不管在广域网还是在局域网络中，人为因素和自然因素等都在威胁着档案信息的安全。因此，网络安全的应对措施是要全方位的，这样才能有针对性地解决问题。根据电子计算机以及网络本身的特点，对档案信息安全的威胁可以分为人为因素和客观因素。

1. 人为因素

作为计算机和档案工作的主体，人的行为对档案安全起着至关重要的作用。人为因素对档案信息安全的影响包括有意识行为和无意识行为。第一种是有意识行为，有意识行为是档案信息安全面临的最大威胁。对档案信息安全采取的主动攻击大多是有目的性的，档案涉及重大的个人隐私和国家机密，一旦泄漏，将会导致很大的损失，有时后果甚至不堪设想。第二种是无意识行为，例如计算机人员在进行网络安全配置时留下了漏洞，又或者档案工作人员自身安全防范意识不够，误将账号信息与他人共享等行为。这虽然不是出于当事人的本意，但有时也会造成机密信息的泄漏，对网络安全也会造成一定的威胁。

2. 客观因素

任何的网络软件都会存在一定的漏洞和缺陷，这就给危险分子以可乘之机。在档案工作中，同样会遇到类似的问题，这就对档案信息安全造成了一定的影响。

（二）制度缺失对档案工作者档案资源建设的制约

随着社会的发展，档案作为一种公共的资源越来越受到人们的重视。伴随着政治民主化和社会信息化进程，公众对档案的需求不仅从数量上，更从方式上都发生了变化，传统档案资源的分散性和孤立性使得档案利用服务不能满足公众的需求，档案资源建设不够成熟，这一问题引起了相关专家和学者的重视，通过研究和探讨，得出了这样的结论：影响档案资源建设的重要原因是相关制度的缺失问题。档案资源建设相关制度的缺失表现在以下四个方面。

1. 基础层面缺乏理论创新

俗话说"没有规矩，不成方圆"，任何一项事业的发展都离不开规章制度的约束和治理。同样，作为档案事业的一部分，档案资源的建设也需要相关的理论和法规的支撑。而理论和法规也要适应时代的潮流，随着社会的发展而不断变化更新。目前我国档案方面的法律法规存在着一定的缺陷，部分档案法规可操作性不强，原则不明确。例如在档案的管理上，《档案法》规定"个人所有的档案，向档案馆捐赠的，国家应给予奖励"，但其中并没有关于奖励的具体细则，这很有可能导致相关部门难以实施，从而影响档案资源的收集和档案资源建设。又如,在档案机构及其职责方面,档案法规定"档案工作人员应当忠于职守,遵守纪律,具备专业知识",然而对于遵守哪些纪律、具备哪些专业知识又没有明确的规定,可能会造成部分档案工作者不能完全胜任档案工作,影响档案资源的建设。只有这些法律不断完善,才能使档案资源建设工作适应当今社会的发展,越做越好。

2. 宏观层面缺乏统一规划

档案资源建设在宏观上的统筹规划尤为重要,有了完整的规划才能合理地优化资源配置,促进档案资源建设。在我国,由于行政管理体制的条块分割,档案资源的分布相对分散,各档案馆的收集范围等也没有明确的规定,这就很可能导致各馆之间档案收集、利用等方面的矛盾。所以,加强对档案馆宏观的统筹规划对档案资源建设有着重要的作用。

3. 中观层面缺乏合作协同

从中观层面上来讲,档案资源建设需要各档案机构之间的通力合作以及档案机构同政府和其他信息服务部门的协调。一方面,在我国,档案馆是档案的主要保管机构,而档案馆之间大多各自为政,缺乏足够的合作与协调,这就导致了档案资源不能得到共享,甚至形成了所谓的"信息孤岛",合作共赢并没有实际开展起来;另一方面,随着社会发展,我们迎来了知识经济时代,社会对档案信息的需求更加多元化,档案部门与其他信息机构间的合作也明显不够,如档案馆和图书馆、档案馆和情报机构等都应建立起横向的合作关系,确保满足社会对档案信息多元化的需求。

4. 微观层面缺乏有力监管

各级档案馆、档案室是国家档案最直接、主要的来源,是档案资源建设的基础构成,从微观层面看来,每个个体单位的工作开展得如何都直接影响整个档案团体的成果,所以,国家档案资源的建设需要各个档案馆、档案室在结合自身发展情况的基础上创造性地开展工作。目前,我国档案馆主要存在如下两个问题:第一,馆藏结构单一。很多档案馆虽然是综合档案馆,但事实上大多数仍是纸质档案,声像档案、电子档案只占很小的比例;第二,档案馆藏资源不完整。有些档案落到其他非档案机构或者个人手中,甚至流到国外。另外,档案室也存在以下问题:第一,本应留存归档的文件却掌握在个别领导的手中;第二,重要的科研成果等材料被少数人所控制。这些现象都缺乏有力的监管,势必会对档案资源建设造成负面的影响。

(三) 信息时代对档案工作者综合素质的挑战

随着信息时代的到来,档案工作与传统纸质档案时代有了很大区别,档案工作者能不能适应当今的社会形势、能不能胜任当今的档案工作,这对档案事业的发展至关重要。信息时代对档案工作者的挑战主要有以下几个方面。

1. 档案工作者综合素质有待提高

档案信息化建设的发展和电子计算机的广泛应用要求档案工作者需要掌握电子档案的保管和应用、信息网络的使用和维护等技能。可以说信息时代档案工作对档案工作者的综合素质要求提高,而目前我国档案工作者知识结构单一、综合能力不够强,并且对这一问题重视程度不够。在档案机构工作多年的"前辈"一般能熟练掌握对传统档案的管理方法、技术等,但对电子档案的操作和利用等环节就不够熟练;而新参加工作的"后辈"虽然能够熟练操作计算机,但又往往缺乏档案的理论知识和管理经验。在目前看来,档案部门急需理论知识扎实、管理经验丰富、信息素质高的全面型人才,这样才能促进档案工作更好更快地发展。

2. 档案服务意识有待提升

服务意识是指工作人员在服务过程中所体现出的热情、周到、主动服务的意识和欲望。它是发自内心的,是自觉和主动地做好服务工作的观念和愿望。它既可以是服务人员自身的习惯,也可以是通过后期的教育和培训所形成的。员工好的服务意识不仅让自身的工作变得轻松愉快,更让被服务的对象有美好的经历和体验,有利于促进相应工作的开展。在传统的档案工作中,档案工作人员的意识是"重藏轻用",认为只要保管好档案就是做好了自身的本职工作,至于档案利用工作开展的好坏与否与自己的利益关系并不大,基于这些主客观原因,档案工作者一般是坐等来客上门的服务方式,在服务过程中热情也有所欠缺。但在当今社会,各行各业都需要良好的服务意识来满足人们的需求,档案工作者也不例外,传统的服务意识已经过时,档案工作者如今肩负着重要的社会责任和历史责任,理应成为档案工作的发动者,档案工作者服务意识的提高已经迫在眉睫。

3. 档案工作者的安全意识有待加强

档案只有被完整地保存起来,才能充分地发挥其价值,档案保护是档案工作的重中之重。与以往相比较,档案的保护工作在当今面临着更大的挑战。人为因素和自然因素等都在威胁着档案信息的安全。档案工作者的安全意识不强会导致一系列问题的发生。例如,有些不法分子通过利用网络技术对原始档案信息进行篡改、窃取,甚至是删除和损坏,使得档案信息面临着泄露和破坏的风险。尤其是电子档案存储方式多样、结构复杂,且极易被篡改,一旦遇到网络攻击或系统瘫痪等问题就会造成难以弥补的损失。这也是要求档案工作者加强安全意识的原因。

第三节　信息时代提高档案工作质量的策略

一、转变观念，认清使命

（一）不断更新观念，增强时代意识

档案管理工作者需要不断更新自身观念，增强时代意识。随着时代的发展，档案的种类增多、社会的档案意识提高，种种原因促使档案工作发生了很大的变化，档案工作者必须正视这种变化，树立自身的时代意识，做到"与时俱进"，提高信息技术水平，积极配合档案的信息化建设，做好本职工作，顺应时代的需要，促进档案管理工作持续、快速、健康发展。

（二）树立崇高的职业理想，认清使命

从古至今，档案工作就与国家的安危、人民的利益息息相关。信息时代对档案工作提出了新的要求，这更加凸显了档案工作者的社会责任和历史责任。档案工作者只有树立起崇高的职业理想，充分意识到档案的重要性和自身的重要性才能更好地做好档案工作，推动档案事业的发展。

二、拓展职能，适应社会

伴随着信息时代的到来，档案工作的管理介入点发生转移，档案工作者的职能角色发生了变化，档案工作者不能因循守旧、墨守成规，必须与时俱进才能胜任信息时代的档案管理工作。

（一）提高自身信息素质

电子档案的管理方法与传统纸质档案不同，档案工作者不能局限于传统纸质档案的管理方法，必须以新的理念去探索，以新的技能去武装自己。电子文件从产生阶段就依赖于电子计算机系统，信息的加工、存储、提供利用等也离不开计算机的应用，这就要求档案工作者必须积极主动，熟练操作计算机，使用管理信息系统，提升自身的信息素养，充分利用其快捷和方便的优点，更快、更好地完成档案工作。

（二）掌握现代管理技能

信息时代对人类社会的发展产生了巨大的影响，除了信息素养之外，想要适应当今社会，做好档案工作还必须具备各项现代管理技能。例如，解决问题的能力。在生活和工作中，总是会遇到各种各样的问题，档案工作者要能够发现问题、解决问题并迅速做出有效的决断。又如，良好的沟通能力。所有的单位都不可避免地面临员工之间如何相处的问题。员工之间能否团结协作对整体的影响是巨大的。档案馆也是一个整体，档案人之间要善于沟通、互帮互助、团结合作，凡事以大局为重。再如，良好的外语能力。由于经济和社会的全球化发展，世界之间的联系越来越紧密，外语已经是大部分现代工作者必备的技能。档案工作者在工作中也必然会应用到外语，熟练地掌握一门外语，对自身的发展必定有益，也一定会在工作中有所帮助。除此之外，协调能力、规划与统筹能力、决策与执行能力等现代管理技能都能帮助档案工作者更好地开展档案工作。

三、制度保障，尊重权益

（一）完善规章制度、优化人才结构

档案各项规章制度的缺失是影响档案事业发展的重要原因。完善的规章制度是信息时代档案工作的迫切需求，也是档案工作者做好档案工作的可靠保证。目前，针对这一问题，相关部门已经开始着手对已有的档案法规进行修订。由中国法学会研究部、行政法学研究会承办的《档案法（修订草案送审稿）》专家研讨会暨中国法学会立法专家咨询会在北京召开，经过研讨，专家学者认为，《档案法（修订草案送审稿）》框架结构更合理，内容更丰富，已经具备了比较好的立法基础。可见，档案相关规章制度有望得到完善。

（二）尊重档案工作者的权益

权益是法律规定的权利和利益。目前档案工作者状态不稳定，存在缺少必要设施、人手调配不足等许多问题，要想使档案工作者充分发挥其作用，就要尽早解决这些问题。而在我国，档案工作者的权益问题也同样应当受到重视。保护档案工作者的合法权益，维护档案秩序，才能促进我国档案事业健康有序发展。

四、重视人才，提升地位

（一）社会方面

社会地位是指一个人在社会中所处于的位置。社会地位对个人的社会活动产生了很大的影响，而每个人对社会的贡献也决定了其社会地位的高低。每个人都希望自己有着较高的社会地位，档案工作者也是如此。一直以来，伴随着朝代的更迭，不同的历史时期，档案工作者的社会地位也经历了高低的起伏。学者们经过对档案历史的研究认为，档案工作者的地位是与档案工作本身的地位密切相关的，档案工作的地位高，则档案工作者的地位高，反之，则档案工作者的地位降低。在当今时代，随着公众档案意识的提高，档案工作得到了空前的发展，然而档案工作者的地位并没有得到明显的提高。国内有学者对这一方面进行调查，得到的结果也是大多数人认为档案工作者的社会地位并不高，这一现象应当引起重视，只有提升档案工作者的社会地位，才能使其充分发挥自身的作用，促进档案事业的发展。

（二）档案工作者自身方面

档案工作者从档案事业的角度出发，从社会发展的全局出发，努力提高工作的质量，争取得到社会的认可，是提升自身社会地位的主要途径。拓宽档案工作者的视野，完善档案管理社会职能，是改变档案职业边缘化、寻求档案职业自身发展的必由之路。档案工作者只有保存好档案、保护好这些珍贵的历史文化遗产，提升服务意识，更好地提供档案利用服务，并且从多角度出发，全面做好自身的档案工作，才能得到社会的认可，从而提升自身的社会地位。

第六章　档案信息资源的开发与利用

第一节　档案资源开发

一、基本含义

开发档案资源，适应社会发展进程，服务社会现实需要，是档案机构的重要目标和根本任务。档案资源开发通过档案资源的采集、加工、存储和传递实现档案价值增值，将档案信息由静态信息转化为动态信息、从信息片段转化为信息集合、从实体资源转化为智慧资源，从而最终达到全面挖掘档案潜在信息、有效满足档案利用需要的发展目标。档案资源开发的根本目的在于，按照"广、快、精、准"的基本准则，深入发掘档案资源中蕴藏的有利用价值的档案信息，寻找和获取更为集中系统或有特定价值的知识和智慧，有效提供给社会各领域的具有特定需求的档案用户，从而实现档案资源和档案用户的需求对接、资源关联和服务匹配。

在档案资源开发中，必须充分运用科学合理的技术和方法，实现"五个促进"，即促进档案资源价值实现，促进档案机构融入社会，促进档案管理转型升级，促进社会体系科学构建，促进社会事业持续发展。因此，档案资源开发是指为了满足不同的档案需求，对各种载体和形式的档案或档案集合进行加工处理，以形成各种档案产品或服务的过程。就基本含义而言，通常把档案资源开发看成是档案文化开发、档案文化资源开发、档案信息资源开发、档案开发等概念的同义词或近义词，与档案资源开发利用、档案文化开发利用、档案信息资源开发利用和档案开发利用等概念具有递进关系且紧密关联。

二、主要原则

作为指导档案资源开发的纲领性文件，国家档案局印发的《关于加强档案信息资源开发利用工作的若干意见》明确指出：充分认识档案信息资源开发利用工作的重要性和紧迫性，加强档案信息资源管理，促进档案信息资源利用，深化档案信息资源开发。其中，专门提出:"重视档案信息增值服务工作。加大对档案信息内容的研究和开发力度,把档案信息内容转变为档案信息知识。一方面充分利用各级档案部门现有的编研人才,一方面积极支持社会力量对已公布档案信息内容进行研究和开发,努力提高档案信息资源开发利用的深度。"这就充分强调了档案资源深度开发的重要性,强调了档案资源合作开发的必要性。

就社会总体而言,档案资源数量巨大,内容丰富。在档案资源开发中,需要准确地把握档案资源开发的原则,在正确预测和准确把握档案资源利用需求的基础上,有针对性地开发利用档案资源。关于档案开发利用的原则,不同的学者形成了不同的观点,例如,有学者提出档案信息资源开发利用的"六原则",即需求性原则、效益性原则、便利性原则、合法性原则、规则性原则、安全性原则。因此,要不断提升档案资源开发的能力和水平,必须根据统筹协调、需求导向、创新开放、确保安全的总体要求,遵循科学的开发原则。

(一) 主动开发

今天,建设文化强国和档案强国,促进社会主义文化大发展大繁荣需要档案资源开发,国家和社会发展为档案资源开发提供了难得的历史机遇,档案资源开发在建设文化强国和档案强国中大有可为。因此,档案资源开发首先应坚持主动开发的原则。长期以来,档案机构和档案工作者更多地以档案收藏者和保管者的形象出现,档案机构和档案工作者积极主动的心态相对比较缺乏。只有主动地开发、利用和共享档案资源,才是档案资源真正走出馆舍、走进社会、走近群众的唯一途径。

要实现档案资源的价值和使命,必须变被动为主动,积极开发档案资源,一是激发档案机构和档案工作者的主观能动性。要深刻领悟档案资源的文化属性和档案工作的文化真谛,明确档案文化建设在社会文化大繁荣大发展的重要地位,积极投身档案文化建设,主动开发档案资源,在实现档案资源价值的同时实现档案机构和档案工作者的自我价值。二是主动创新档案资源开发的手段和途径。要发挥档案资源重要的社会价值,主动把握档案资源的现实状态,主动了解社会利用者的新需求,主动开发档案产品和服务新形式,主动开辟档案传播新渠道,将档案产品和服务推向社会,将档案资源有效地融入社会发展之中。

(二) 技术驱动

档案资源开发具有深刻的技术背景。在数字时代,各种技术的演化和发展成为档案管理重要而关键的发展动因。信息技术的不断进步不仅有力地推动着档案事业发展观念的进步、方法的变革和效益的提高，而且改变了档案资源开发的基础。现代信息技术具有强大的信息传输能力和先进的信息处理能力，拥有个人移动性和不受限制的通信方式，形成了基于智能化技术的新型信息服务形式。档案资源开发必须高度重视现代信息技术的发展并有效地应用于开发实践之中。

正是在信息技术背景下，技术驱动的档案资源开发有更强大的技术支撑和更广阔的服务空间。传统档案资源开发更多集中于档案的基本编研产品和提供直接的到馆咨询与提供利用服务等。随着科学技术，尤其是网络技术的发展，基于网络的新型档案产品和服务不断出现。精彩纷呈的网络展览和快捷方便的数字化档案服务成为档案服务的重要形式，异地档案信息服务更依赖于信息技术的发展尤其是高速的信息网络和有效的信息沟通。同时，技术驱动的档案资源开发有更高效的开发效率和更优质的开发质量。在传统的档案资源开发中，原始信息获取困难，特别是一些跨机构档案资源开发工作受到极大的限制。随着技术的发展，网络信息共享使得档案资源开发者可以便捷地通过网络查档服务获取档案资源和相关资源，进一步提高工作效率。现代信息技术使档案产品和服务空间得以拓展，档案网站成为重要的档案管理平台，博客、微博、微信等社交媒体的应用使档案传播渠道更加丰富多彩。

（三）需求导向

档案资源开发必须始终坚持以人为本，以社会利用者为中心。任何档案资源开发都是与特定的社会利用者联结在一起的。档案资源开发主要是满足人们的精神需要，服务于社会的档案需求。档案资源开发过程本身就是不断满足社会利用者的精神和文化需求的过程。同时，档案资源开发的效果、效率最终都要由社会利用者来给予评价，必须从满足社会利用者的精神和文化需求的数量和质量来给予评价。传统的档案资源开发以馆藏资源为本位，有什么样的馆藏就开发什么样的档案产品，缺乏对于用户需求的考量，一定程度上造成了不同档案机构档案产品和服务的同质化。表面上各种编研产品、展览、出版物等形式丰富，但是却缺乏实际的用户基础，没有真正发挥档案资源开发应有的作用。

需求导向的档案资源开发就是要改变这种状况，充分研究社会大众的精神和文化需求，结合档案机构自身的资源优势，做好整体的规划，避免重复开发，降低同质化程度，真正提高档案资源的有效利用率。需求导向的档案资源开发，首先要求有效了解社会利用者的精神和文化需求的影响因素，掌握其需求的规律特征。社会利用者的需求受到个人因素、心理状态、行为特征等影响。其中，个人因素主要是指个人职业、个人经历、工作性质、文化水平、兴趣爱好等个人所特有的因素；心理状态包括求快心理、求准心理、求新心理、求近心理、求知心理等；行为特征主要是指在档案资源利用过程中的行为表现。美国哈佛大学教授齐夫的"最小努力原则"或称"最省力原则"认为，每一个人在日常生活中都必定要在他所处的环境里进行一定程度的运动，也就是在某种道路上行走。无论哪一种运动和哪一种道路，人们在这个过程中都有意无意地按照某一个基本原则来进行，即从多方面加以考虑并结合主客观条件，选择一条符合自己条件和要求的道路，使得自己付出最小努力而获得最大报偿。社会利用者的精神和文化需求及其档案利用行为同样期望并遵循"最小努力原则"。真正在档案资源开发中，遵循需求导向原则，就要把握社会利用者精神和文化需求的影响因素、规律性特征，有针对性地开发档案产品和服务，做到精准开发、精准"营销"，提高档案资源开发的效果和效率。在某种意义上，社会利用者也是档案资源开发的参与力量。不仅要利用者档案利用水平及其对档案产品和服务的满意度作为衡量档案资源开发水平的重要指标，而且要让社会利用者直接参与档案资源开发，提升档案资源开发中的用户互动性。

（四）特色发展

一种文化有没有强大的生命力，主要看其是否具有鲜明的特色。从国家层面来看，越是民族的就越是世界的。从区域层面来看，越是具有浓郁地域特色的就越有吸引力。从行业层面来看，越能凸显行业特色的就越不可替代。档案馆藏和档案资源的旺盛而持久的生命力在于特色。在档案资源开发中，必须以具有鲜明特色的档案产品和服务引导社会档案需求，提升档案资源开发的社会竞争力。

特色是指事物所表现的独特色彩和风格。特色档案产品和服务是对档案管理中服务特性的描述，是具有独特魅力的产品和服务，是在长期的档案资源开发实践中，结合档案部门本身的资源优势和社会需求的基础上，有目的地形成和提供的与众不同的产品和服务。具体来说，特色档案产品和服务主要包括特色内容、特色方式、特色对象等。其中，特色内容就是从资源特色的角度开发档案文化资源，包括地方特色、专业特色、档案载体特色等。特色方式是在传统的社会利用者的到馆利用资源的服务基础上，开展的多层次、多类型、全方位的服务方式。特色对象就是细分社会利用者，根据其群体或个体的特色提供相应的档案产品和服务。

第二节 档案信息资源的开发价值与原则

一、档案信息资源开发

当今信息时代，信息成为一种资源已是人们的共识，开发作为社会记忆工具的档案的信息资源为社会服务，已成为档案部门的中心任务。档案信息资源开发，就是档案部门根据社会需要采用专业方法和现代化技术，发掘、采集、加工、存储、传输所收藏档案中的有用信息，方便利用者利用，以实现档案的价值和作用。这一概念，包含以下内容：

第一，档案信息资源开发主体是档案管理部门及其工作人员。

第二，档案信息资源开发的对象是指经过条理化、系统化并保存起来的馆（室）藏档案，档案实体的有序化和科学管理，为档案信息资源开发奠定了良好的基础。

第三，开发档案信息要采用专业方法与现代化技术相结合的方式，我们既要与时俱进，采用现代化技术手段，对档案信息进行采集、加工、存储和传输，又要对传统的、专业的开发档案信息资源的方法，予以继承和发扬，并将二者有机结合起来。

第四，档案管理部门和档案工作人员（主体）对馆（室）藏档案（客体）中的有用信息进行浅加工和深加工。所谓浅加工是指对档案进行著录、标引，建立检索系统，将档案信息存储在一定载体上，即档案信息的检索工作；所谓深加工是指根据社会需求，将庞杂的档案信息进行系统化、有序化，制成档案产品（人们称之为编辑史料），编写参考资料，参加编史修志，撰写文章和著作（档案界概括为档案的编研工作）。

第五，档案馆收藏的是处于静态的档案信息，经过档案工作人员的采集、加工、存储后，需要正常输出传递给利用者，以满足社会上方方面面的利用需要，这一过程被称为档案信息传输工作。

上述定义使我们认识到，档案的收集、整理、保管、鉴定、统计等环节是对档案实体进行科学管理，为档案信息资源开发提供相应保障，没有这些工作环节的支持，就谈不上档案信息资源的开发，但这些环节不宜包含在"开发"之中。档案的检索与编研是发掘档案中有用信息的浅加工和深加工，是档案信息资源开发的主要部分，但还不是全部，从整体（或广义）上说，还应包括信息的传输。因为通过信息传输，才能使档案信息由"潜在"成为"活化"，实现服务社会、指导实践的功能。信息传输在一定程度上与利用服务存在一定的交错。档案信息资源开发与档案实体管理和利用服务诸环节既平行又交错，这或许是对档案信息资源开发的含义认识长期不能取得一致的原因。实际上，档案管理整个过程就是：首先把档案收集起来，将它整理有序，再科学地保管好，在此基础上才有可能发掘档案中的有用信息进行分析研究，并按社会需求进行加工、处理，形成档案信息产品，最后提供给利用者，为社会进行信息服务。如果把档案管理的整个过程按其先后顺序划分为实体管理（或称收藏、整理、鉴定、保管、统计）、资源开发（包括编目与检索、编辑与研究）与利用服务（包括各种方式的利用工作）三个阶段，或者实体管理和资源开发与利用服务两个阶段，就可能有助于对档案信息资源开发问题的理解认识，更有利于开发工作的具体实践。

二、档案信息资源开发的原则

（一）资源为王原则

根据《中华人民共和国档案法》规定，机关档案室是保管本单位档案的内部机构，档案馆是永久保管档案史料的基地，是通过提供档案为社会服务的中心。档案馆（室）性质决定了档案信息资源开发必须以所收藏档案为基础，因馆（室）制宜，扬长避短，突出馆（室）藏特色，做好开发工作。只有各级、各类档案馆（室）从本身的实际出发，大力丰富馆（室）藏，最大限度地发挥馆（室）藏优势，坚持馆（室）藏基础原则，才能对档案信息资源开发以至档案事业的发展起到推动作用。实践表明，只有依托丰富的档案资源，才能切实提高档案信息资源开发的整体水平。

（二）信息组织原则

档案信息资源开发的首要工作是使档案信息资源结构有序化。简单地讲，就是为利用者利用档案信息建立查找入口处，并把这些入口处集中在一起，架起一座档案信息与利用者之间沟通的桥梁，这就是通常说的建立检索系统——目录、索引、数据库。档案信息实现有序化，是开发档案信息的基础和前提。因为有用的档案信息蕴藏于数以亿计的档案案卷（件）之中，处于分散、杂乱、不系统、不集中的状态。这些原始的档案信息经过采集和加工处理，变成集中、系统而有序的信息，为档案信息的充分利用创造条件。档案馆（室）在档案信息资源开发过程中，投入大量人力、物力，采用各种处理手段和工作方法，都是为了实现档案信息被利用程度和实现档案价值的程度。对于广大利用者，若能在利用档案信息时具备有序化的查询思维，大体了解档案馆（室）对档案信息有序化的概貌，将能大大提高利用档案信息的效果。

（三）信息激活原则

信息激活是档案信息资源开发的最基本和最高的目标性原则。从档案部门来讲，为了有效地提供档案信息为利用者服务，需要不断提高档案信息的开发层次，进行浅加工和深加工，把档案中有用的潜在信息挖掘出来，及时提供给利用者，才能发挥档案的最大效益和实现其价值。对档案利用者来讲，信息激活体现在对档案信息的消化、吸收、利用，继而产生新的知识上。

激活档案信息的方法主要有三种。

1. 信息的分解和析出

除对档案文件和案卷（保管单位）进行著录、标引外，还要尽可能将档案中的许多信息单元及数据分解开来，单独析出，最大限度地提取档案中的信息并充分揭示出来，为利用者所用，实现档案的价值。

2. 信息的浓缩和提炼

将分散、杂乱的档案信息，经过筛选、分析、加工处理，形成浓缩的或提炼成新的档案信息，提供给利用者，如文摘、概要、专题汇编、述评、综述等，为利用者提供系统化、专题化的档案信息。

3. 知识的综合归纳

在对某一专题的档案信息进行收集、整理、分析研究的基础上，将分散芜杂的档案信息，去粗取精，去伪存真，由此及彼，由表及里，加以逻辑推导、综合归纳、总结评价，以成果的形式提供给利用者，这种信息成果的价值将大大超过分散在档案中信息价值的总和。

（四）有效利用原则

它要求档案馆（室）在档案信息资源开发中要找到更多的利用者，而利用者能方便快速地获得更多的档案信息，以实现档案信息充分利用的目标。实现这一目标的途径有：

1. 扩大档案信息对不同利用者的适应性

由于利用者的知识结构、文化素养、心理素质、社会职业分工和兴趣爱好的差异，对档案信息的需求不同。因此，对档案信息资源开发要多层次、多角度、全方位地揭示档案信息，以适应不同利用者的需要，使档案信息得到充分利用。

2. 充分发挥检索和信息传输系统的作用

充分发挥检索和信息传输系统的作用，尽可能缩短档案信息的查找和传递时间，使利用者简便、迅速、准确地获得更多的档案信息，降低利用成本，从而最大限度地发挥档案信息的社会效益和经济效益。

3. 引导与帮助利用者在有限的时间内增加对不同档案信息的利用

档案工作应通过多种途径和方法，强化对馆（室）藏有用档案信息的集中、有序化与揭示，优化咨询服务，及时向利用者提出建议，以避免在查询档案信息中走弯路和对有效信息的疏忽与遗漏，提高检索效率，提高档案信息的利用质量和效益。

（五）整体效益原则

在市场经济条件下，开发档案信息不计成本、不讲效益是不行的。开发档案信息资源是为了利用，为了产生经济效益和社会效益，这就涉及投入与产出的关系问题。只有产出大于投入时，投入才是有效的，这就要求有务实态度，以与现在经济基础相适应的方式来进行档案信息资源开发的投入，切忌好高骛远，片面追求硬件设备的高、精、新、尖，造成得不偿失的后果，必须遵循投入产出规律，深入研究如何科学地、经济地投入人力、财力、物力，以获取最佳、最大的效益。效益原则的内容是多方面的：从范围上看，有局部效益和整体效益；从时间上看，有现实效益和长远效益；从价值上看，有社会效益和经济效益。开发档案信息资源时，要有轻重缓急之分，局部服从整体，优先考虑急需者和发挥效益较大者，既要强调现实效益的发挥，又要采取积极有效的措施，保护档案原件，以便于今后的利用，发挥其长远效益。我们既应重视社会效益，又不能忽视经济效益，社会效益中隐含着经济效益，经济效益中融入社会效益，二者相辅相成。因此，档案信息资源开发应力求做到现实效益与长远效益相统一，局部效益与整体效益相协调，社会效益与经济效益并重。

三、档案信息资源开发的价值

（一）档案信息资源开发是实现档案自身价值的根本途径

档案是国家宝贵的信息资源，反映国家、社会、人民活动的方方面面，内容广泛，形式多样，数量浩瀚，门类众多，具有政治、经济、科学、文化等各方面的价值。档案信息资源除一般信息的共性外，还具有以下特性：一是分散性，档案是人们在社会实践中，按工作、生产、生活的时间顺序自然形成的，有用信息分散于数以亿计的案卷（件）中，档案形成者形成档案的目的与利用者利用档案信息的目的是不一致的；二是档案信息的历史性，档案是历史的沉淀物，所反映的社会活动内容与现实有一定的时间距离，正是这种时间距离，使档案信息具备了回溯性特征；三是原始性，它是用数字、文字、图形、声像对某一活动所做的最初最直接的记载，具有凭证和情报价值。这些特性决定了档案信息资源的开发，并不是简单地打开库房变成阅览室就行了，而是要对档案中记录的各种信息进行分析、整理、归纳、加工，从原始的、分散的、杂乱的档案材料中提炼出真正对现实有用的东西。因此，只有对档案信息资源进行开发，加工成档案信息产品，使其为利用者所用，才能产生新的生产力、新的知识、新的社会效益和经济效益，体现其自身的价值。

（二）档案信息资源开发是发展档案事业的需要

长期实践证明，只有开发档案信息资源，使"静态档案"变成"动态信息"，供利用者广泛地、反复地、多角度、全方位、连续不断地利用，才能转化为物质形态的生产力；才能充分发挥档案的凭证、参考、研究等方面的作用；才能增强社会的档案意识，取得领导的重视和社会各界的支持，为档案工作发展创造良好的外在氛围；才能解决档案工作中普遍存在的一些矛盾（如档案原件存储信息的静止状态与利用要求档案信息变成动态信息的矛盾。档案产生分散、零乱、庞杂等状态，与利用者要求获得档案信息应具有针对性、浓缩性、系统性的矛盾，档案原件是孤本与利用者的要求广泛输出档案信息的矛盾，等等）；才能满足社会广大利用者的需求，使其成为推动社会生产力发展的催化剂。因此，档案信息资源开发是档案事业的生命与活力所在，是发展档案事业的必备条件。

（三）档案信息资源开发能使档案工作更好地为社会精神文明和物质文明建设服务

档案部门的特殊优势就是保存大量的档案资料，而这些档案资料又承载着各种各样极为繁复的信息，将这些信息根据现实需要，系统、有序地开发出来，使固定的、沉睡的档案信息转化为动态的、增值的生产力要素，才能更好地为我国的现代化服务。

档案信息资源开发应为精神文明做出贡献。社会精神文明建设，主要是对公民进行爱国主义、集体主义和社会主义教育，使人们树立正确的世界观、人生观、价值观和科学发展观，提高整个中华民族的思想道德素质，增强民族的自豪感和自信心。我国历史悠久，各级、各类档案馆（室）中保存有极其丰富的档案资料，它们翔实记录了国家、民族、地区的历史足迹，记录了中华人民共和国社会主义建设的伟大成就，是进行爱国主义、集体主义、社会主义教育的生动素材。许多地方政府在制定精神文明建设方针时，把当地档案馆列为对广大人民群众特别是青少年进行爱国主义教育的基地，它在社会精神文明建设中具有巨大的、深远的作用。

档案记载和反映了经济的发展和进步、各行各业的生产经营与管理活动，不仅具有凭证价值和情报价值，而且具有较强的知识性和较大的信息量，是生产建设的重要依据，能为社会主义现代化建设提供决策和参考信息，对制订经济计划、检查和总结生产状况，推广先进技术和管理经验，以及防灾减灾等都有着十分重要的作用。因此，充分开发档案信息资源，使档案资源转化为直接的生产力要素，对提高社会生产力、加强经济管理、提高经济效益具有重要的意义。

第三节 档案信息资源开发的应对策略

档案信息资源开发应以创新观念、深入宣传、改善环境为出发点，通过优化丰富馆（室）藏、健全档案信息开发机构来确立资源与人员的保障体系，以采用现代化技术和手段为切入点，以用户需求为导向，以提供有效的档案信息产品和服务为目标，走特色开发之路。

一、创新观念

（一）继承与创新发展观念

千百年来，档案部门在收藏档案的同时，自觉与不自觉地进行了一些档案信息资源的开发，如为统治阶级提供档案利用服务和编纂档案史料汇编等。中华人民共和国成立后，伴随着档案事业的发展，在档案信息资源开发方面有了较大的发展，但与时代的要求还有一定差距。我们应坚持科学发展观，保证可持续发展，紧跟时代步伐，坚持与时俱进，全方位、多层次深入开发档案信息资源，满足新时期方方面面利用档案信息的需求。

（二）被动服务与主动服务并举观念

档案工作的根本目的就是服务。长时期内采用等客上门、你查我调的被动服务是不够的，还应树立主动服务观念，才能产生自觉的服务行动，应坚持被动服务与主动服务并举，使档案信息资源在交流服务中发挥更大的作用，体现其自身的价值。

（三）社会观念（或称开放观念）

档案部门只有从封闭走向开放，面向社会，贴近社会，融入社会，参与社会生活，服务社会大众，充分开发档案信息资源，才能满足社会对档案信息的需求。将档案信息利用服务扩大到政治、经济、文化和社会生活各个领域，渗透到社会大众的工作、生活、休闲等各个方面。档案信息资源开发应充分体现共享意识，从传统的档案人员各自为战，一馆一室的小作坊式开发，扩展为广泛地吸收社会力量的大联合、大开发，开创档案信息资源开发的新局面。

（四）文化观念

档案作为一种社会记忆的原始记录，将分散杂乱的档案信息进行重新组合，以及对档案信息的二、三次加工，其本身就是一项文化建设和文化创造，反映出档案工作的文化功能，形成的各种成果，就是再创造的文化产品。

（五）信息共享观念

共享是由档案信息自身的特性所决定的，它来源于人类社会实践，又服务于人类社会发展的需要。因此，它具有社会属性，理应成为社会的公共财富，为人类所共享。共享是社会发展的需要，档案既是人类活动的原始记录，又是前人经验的积累，它可以成为社会政治、经济、文化、科学技术发展的基础和阶梯。共享可以克服根深蒂固的"重藏轻用"观念，治愈自我封闭、同社会隔绝、档案信息利用率低的顽症，促进档案信息的广泛交流和传播。

二、做好宣传，改善环境

当前社会环境不利于档案信息资源开发的主要因素是社会经济水平、人们的文化素质和社会档案意识。社会经济水平和人们的文化素质很难靠档案部门的自身努力来改变，它是由社会发展水平所决定的，而社会档案意识，可以通过档案部门的努力在一定程度上得到改善。实践证明，广泛宣传是增强社会档案意识的重要手段，档案部门应把宣传工作作为一项长期任务来抓，不仅要对内，更要面向社会，面向国外，加强对外宣传与交流。档案部门必须与新闻单位加强联系，通力合作，充分利用广播、电视、报刊等新闻媒介向社会广泛宣传档案信息的作用、发挥的效益、利用的办法和手续等，使档案信息不时"飞入寻常百姓家"，以此增强社会档案意识，扩大档案工作的社会影响，促进档案信息的社会利用。此外，还应通过政策和立法来实现环境的改善。档案部门必须进一步加强法规与政策建设，逐步扩大档案开放和档案信息开发的范围，简化利用手续，进一步改善档案信息资源开发的环境。

三、优化丰富馆（室）藏和健全档案信息开发机构，确立资源与人员的保障体系

（一）优化丰富馆（室）藏，建立档案信息资源保障体系

档案信息资源机构，一般可分为档案室和档案馆。建立档案信息资源保障体系，从档案室来说，当前重点应切实改变分散管理体制，设立综合档案室，统一管理本单位的全部档案。有条件的单位可建立信息中心，实行档案、图书、情报一体化管理，最大限度地整合单位信息资源。从档案馆来说，当前重点是坚持丰富与优化馆藏并举，质量与数量并重的方针。合理扩大接收范围，不仅要接收本级党政机关的档案，而且要接收直属企事业单位的档案；不仅要接收文书档案，而且要接收科技档案与专门档案；不仅要接收一级单位档案，而且要适当接收有代表性的二、三级单位中确有长远保存价值的档案。再就是对进馆档案严格实行质量控制，根据档案自身的价值，对不同级别的全宗分别采取大部分或少部分进馆的方式。此外，还要完善档案补充机制，除正常接收途径外，还应通过征集、寄存、购买等途径，把社会发展和公众有利用需要的、目前尚不在接收范围的档案收集起来，丰富馆藏。如收集、寄存或购买个人、家庭、家族或非政府机构的档案；也可以征集本地区重大活动和名产、名人、名胜和反映本地区的经济、历史、文化状况的特色档案，改善档案的空缺情况，让档案反映民众生活，贴近社会，调动社会民众去档案馆的积极性，更好地满足社会民众的利用需要。

（二）健全档案信息资源开发机构，配备高素质的专业人员

进行任何一项工作都必须以一定的机构和人员作为组织保证，档案信息资源开发工作也不例外。档案部门应建立健全档案信息资源开发机构，配备高素质的人员，制定相应的开发规划、措施和制度，以确保开发工作有序进行。开发水平的高低和开发产品质量的优劣，取决于开发人员的专业水平与对现代化技术特别是计算机的掌握程度。人才是最宝贵的财富，高素质人员是开发档案信息资源的人才保障，也是开发工作中最活跃、最关键的因素。因此，要坚持以人为本，把工作的重点放在基础的力量上，始终把培养人才、建设队伍、提高人员素质放在第一位。

四、充分利用信息技术

当前在档案信息资源开发活动中，全面应用信息技术，对档案信息资源进行发掘、加工、处置和传输服务，将使开发过程缩短，投入的人、财、物相对减少，效益明显提高，推动我国档案管理模式从面向档案实体的整理、保管为重点，向以档案实体信息化、数字化和面向社会传输档案信息服务为重点的转变过程。应用信息技术手段和高新技术开发档案信息，为这项工作注入了新的活力。譬如，应用计算机数据库技术，形成高质、高效信息流，使档案信息能准确、系统、快速地被检索出来；在档案信息加工过程中，应用计算机技术、多媒体技术等先进技术，可以形成集图、文、声、像于一体的多媒体视听材料和专题档案材料，形象、生动、直观；网络技术应用于信息传输服务中，利用者通过网络来浏览、搜索、下载等方式，使信息传递速度快、容量大、覆盖面广，档案信息得到充分利用。

五、以用户需求为导向，以创造名牌档案信息产品为目标

以用户需求为导向，为档案信息资源开发注入了新的活力，加速将档案信息转变为直接生产力。根据市场经济发展、生产经营等各方面的需要，全方位、多角度、深层次开发档案信息，形成高质量的各种编研成果，做好主动服务，使档案信息在经济建设、技术进步、经营管理、市场开发中发挥更重要的作用。在档案信息资源开发过程中，什么样的档案信息需要开发，在多大深度上加以开发，主要取决于市场用户的需求，因此必须积极推进档案信息产品进入市场，多出精品和拳头产品，以满足市场各方面的需求，并以此扩大档案工作在社会上的影响和知名度。

六、走特色开发之路

特色开发就是重点开发具有独特色彩的档案。特色是指他无我有，他有我多，他多我优。特色的表现多种多样，如有的经济特色比较明显，像一些城市或地区的名优产品档案，往往能在一定程度上反映一个地区的经济发展历史和发展水平；有的文化色彩突出，像一些城市或地区的知名人物和名胜古迹档案，常常反映这些地区的悠久历史和古老文化；有的极具地域特色、时代特色、民族特色等。我国拥有各级各类档案馆 3000 余个和数以万计的各级各类档案室，由于它们所在的地理位置、专业系统性质、档案形成的特殊性，以及国家的有关政策规定等因素，使得每个档案馆（室）收藏的档案都有自己的鲜明特色。在档案信息资源开发中，应深入分析社会需求，从本馆（室）藏档案的特点与优势

出发，形成各自的档案信息资源开发特色。如综合性档案馆的中央级是按历史时期划分的（中央档案馆保存革命历史档案与中华人民共和国成立以来的档案，中国第一历史档案馆保存明清档案，中国第二历史档案馆保存民国档案），地方综合档案馆是按地域（省、地、县）划分的。综合性档案馆馆藏以该地区党政机关、团体的档案为主，档案信息资源开发的重点，可以面向各级党政机关团体，突出地域特色，为本地区各项工作服务；专业性与部门档案馆应立足于本专业、本部门的工作任务，有针对性地开发档案信息资源，为本专业本部门的各项工作服务；企业档案馆（室）应以生产和经营为中心，以原材料供应、产品生产、经营销售、技术革新等为重点，为本企业的各项工作服务；各级、各类档案室应为本单位提供档案信息服务。

第四节　档案的提供利用服务

一、档案利用服务的方式

档案馆（室）利用服务的方式是多种多样的，因划分标准不同而各异。第一，按其提供档案信息加工深度的不同，档案利用服务可分为一次档案文献服务、二次档案文献服务和三次档案文献服务。一次档案文献服务即是提供未经加工的档案原件或复制件。在档案馆（室）开辟阅览室，利用者在馆（室）内阅览，也可将原件或复制件暂时借出馆（室）外使用，或向利用者提供档案缩微胶卷（片）、静电复印件、照片等。二次文献服务即为向利用者提供对原始档案文献进行加工整理后的二次档案文献，如文摘、目录等。三次档案文献服务是指根据一定的题目，采用特定的体裁对档案内容经过研究、综合加工编写而成的作品，如档案参考资料等。第二，按其服务设施和方法的不同，档案利用服务可分为档案阅览、档案外借、档案宣传报道、档案复制、档案信息咨询、制发档案证明、档案定题服务等。第三，按档案利用服务人员参与的程度，可分为被动式和主动式服务。下面主要介绍几种档案馆（室）为利用者服务的方式。

（一）阅览服务

将档案提供给利用者阅览是档案馆（室）利用服务工作的重要方式。因此，档案馆（室）大都建立阅览室，它是档案馆（室）为利用者开设的查阅和研究档案的场所。

档案是历史记录的原始材料，在数量上一般都是单份（孤本），有的内容有一定的机密性。这些特点决定了档案在一般情况下是不外借的，主要采用在档案馆（室）内阅览的方法。在阅览室内利用档案好处很多，有专人监护档案的利用，便于保护档案材料，能减轻毁损速度，延长档案寿命；有利于更多的利用者查阅原件，充分发挥档案材料的作用；提高周转率和利用率，避免因一人借出馆外而妨碍他人利用；档案工作人员在阅览室有较多的机会接近利用者，能及时了解利用需要和利用效果，便于研究和掌握利用工作情况，有针对性地开展服务工作；利用者在阅览室可以同时利用许多档案材料，从中查阅某一卷、某一份文件、某一数据、某一图表，而不受数量的限制；利用者可以查阅许多不外借、不出版交流的内部的和珍贵的档案材料；利用者可以利用阅览室提供的条件和各种特殊设备，如查阅各种工具书、参考资料、使用缩微阅读设备、视听设备等。由于阅览室有良好的设备、安静的气氛和清洁的环境，便于阅览和从事研究工作。所以，在阅览室利用档案，对利用者和档案工作人员都是很方便的。因此，阅览室就成了档案馆（室）工作的"橱窗"，它代表档案馆（室）与利用者直接发生关系，利用者往往以阅览室工作的好坏来评价档案馆（室）工作。档案馆（室）应配备业务熟、事业心强、有较高的职业道德修养、甘做人梯、熟悉馆（室）藏的人搞好接待，负责阅览室日常工作，开展咨询服务，解答利用者提出的各种问题，及时扩大利用档案的线索，不断提供新的档案材料，使有价值的档案信息能得到充分利用。档案接待利用人员在实践中鉴定分析本馆（室）内各项基础工作哪些是适用的，哪些是不适用的，从而进一步指导改进馆（室）内各项基础业务建设，反过来又促进了利用工作的开展。

阅览室的设置，既要从服务观点出发，又要从便于管理着眼，阅览室地址的选择，要符合宽敞、明亮、舒适、安静、方便的要求，以接近库房为宜，使环境既适宜于阅览和从事研究，又便于调卷。室内一般设有服务台、阅览桌、布告栏、存物柜、复印机、放大镜、纸、笔、墨等。重视改善查阅档案的环境条件，不要只在墙上挂着保密制度、收费标准、查档须知之类的内容，还可以设计一些馆藏档案、资料及开放档案情况一览表，检索工具一览表，档案基本知识、术语介绍、查档办法等基本内容的东西，要站在利用者想了解哪方面的情况和需要的角度上去考虑安排阅览室的环境，阅览桌最好不设置抽屉，以免互相打扰，也便于工作人员对档案进行监护。在有条件的档案馆除开辟综合性的阅览室，还可设立若干专门的小阅览室，如视听档案阅览室、缩微档案阅览室等。阅览室可以附设为利用者服务的图书资料室，收藏历史、经济、政治出版物，报刊资料以及文摘、索引、书目、辞典、年鉴、手册、指南之类的工具书，档案检索工具和参考资料供利用者使用。阅览室的开放时间要适当延长，不要轻易挂"今天学习，恕不接待"的牌子，把利用者拒于门外。阅览室还应建立健全各种必要的制度，内容一般包括阅览室接待的对象、档案材料的借阅范围和批准手续，阅览者应遵守的各种制度等。

为了保密和保护档案，利用者不能借阅与其利用目的无关的档案。各级、各类档案馆提供社会利用的档案，应当逐步以缩微品代替原件。档案缩微品和其他复制形式的档案载有档案收藏单位法定代表人的签名或者印章标记的，具有与档案原件同等的效力。对于残旧、容易损坏和特别珍贵的档案最好是提供复制本，一般不借给原件，如果必须利用原件时，用毕立即归还。尚未整理的零散文件一般不外借，必须借阅时，要逐件登记。利用者不得将档案带出阅览室外，阅毕归还时需仔细检查档案材料的状况，如发生污损、涂改、遗失等情况，立即报告领导人，酌情处理。

（二）档案的外借

档案一般是不借出馆外使用的，但是根据党政领导机关工作的需要，或某些机关必须使用档案原件做证据，不能在阅览室利用档案，可以暂时借出去使用。机关档案室把档案借给本机关领导和内部各业务单位使用的情况，就更为常见。必要时，还可以采用"送卷上门"的服务方式。

档案外借使用应有严格的制度，经过一定的批准手续，借出使用的时间不宜过长，借出档案时要交接清楚，有登记签字手续，借用档案的单位或个人应承担保护档案的完整和安全的义务，不得将档案自行拆散或变更次序，不得将档案转借、转抄、损坏、遗失，不得自行影印或复制，并要按期归还。档案馆（室）对借出的档案要定期检查了解借用单位对档案的保管使用情况，并在借出案卷的位置上，设置醒目的代卷卡片，指明借阅卷号、借阅时间、借阅单位和借阅人姓名，以利备查和督促借阅者按期归还。借出档案收回时，应认真清点，并在借阅登记簿上注销。如发现有被拆散、抽换、涂改、散失、污损等要及时报请领导处理。

（三）制发档案复制本

档案馆（室）提供档案为党和国家各项工作利用，既可以提供原件，也可以根据档案原件制发各种复制本。制发档案复制本，根据所需单位的不同用途，分为副本和摘录两种。副本是指同一文件的抄写或复印的复本，反映档案原件的所有组成部分；摘录是摘录文件内的某一段落，某个问题或某一事实，某一人物情况或某些数字的材料，只反映原件的某些部分。

制发档案复制本的方法大体可分为：手抄、打字、印刷以及摄影、静电复印等。必要时还可以仿制与档案原件的制成材料及其外形完全相同的副本。制发档案复制本提供利用具有较多的优点：首先，可以使利用者不到档案馆（室）就在自己的工作岗位上随时参考所需要的档案材料，为党和国家各级机关广泛利用档案创造了极为便利的条件；其次，制发档案复制本，可以在同一时间内，满足较多利用者的需要，使档案更充分地发挥作用；再次，用档案复制本代替档案原件提供利用，减少原件利用的次数，有助于延长档案的寿命。同时，制发档案复制本，由于数量的相应增加，即使档案原件由于天灾人祸毁损了，只要复制本能保存下来，也能起到彼失此存的效果，对档案的保存和流传有重要作用。

档案复制本的局限性，是利用者总想看到原件，有的还要作为凭证，对复制本感到不满足。由于科学技术的发展，复制本的质量和精确度大大提高，能达到复制本与正本没有多大区别的效果，基本上可以满足需要。当然档案复制本的印发，不利于保密，容易辗转翻刻、复印或公布，档案部门不易控制，因此，在制发范围和批准权限方面应妥善处理。

制发档案复制本，是档案部门根据自己的设备条件和利用者的申请进行的，首先由申请者提出所要复制的档案，并说明复制的要求、份数和用途等，然后经过一定的批准手续加以复制。档案复制本必须和档案原件细致校对，并在边上或背后注明本档案馆（室）的名称、档案原件的编号，加盖公章，以示对复制本负责。

（四）档案证明

档案证明是档案馆（室）根据机关、团体或个人的询问和申请，为了证实某种事实在本馆（室）保存档案内有无记载和如何记载而摘抄的书面证明材料。如公安、司法部门需要审理案件，个人需要有关工龄、学历等方面的证明材料等。因此，制发档案证明是满足各方面利用档案来说明一定事实的一种手段，是档案馆（室）提供档案为党和国家机关、人民群众服务的方式之一。

档案证明必须根据机关、团体或个人的申请才能制发。在申请书中，要求写明申请发给证明的目的，并详细指出所需要证明问题的发生时间、地点等情况，以便制发证明时对申请书的审查和对证明材料的查找与编写。制发档案证明不是纯技术性的工作，它是一项具有政治性的工作，对申请书的严格审查和正确地编写档案证明，都需要档案馆（室）严肃而认真地对待。档案证明，一般都根据档案的正本或可靠（经校对）的副本来编写，只有在没有正本或可靠副本的情况下，才能用草案、草稿来编写，并在证明上加以说明。不论根据什么材料编写，都需要在档案证明上注明材料的出处和根据。档案证明的文字要确切，只能以引述和节录档案原文为主要方法，并做到引用或节录的内容、字、句、标点符号以及数字等与原文相符。如果必须由档案工作人员根据档案内容进行综合概括或叙述时，务必保证表述的客观性、真实性和准确性，不能擅自对档案进行解释和做出结论。编写好的档案证明，必须认真仔细地对照原文进行审校，确认无误后方能加盖公章。开具的档案证明实行一式两份制，并编写号码，利用者一份、档案馆（室）留存一份。

开具档案证明是一件严肃、细致的工作，要求从事这一工作的人员具有高度的责任感和良好的职业道德，忠于档案原件，忠于历史事实，不能认为档案有错进行更改。若发现档案原文在内容方面确有矛盾时，档案人员应当把几种不同的档案信息一并列入档案证明，注明出处，以供档案用户分析、研究和参考。档案人员开具证明时，不能根据利用者的无理要求开具档案证明，使开具的档案证明失真，绝不能在开具证明的过程中，讲人情，徇私舞弊。开具的档案证明不能泄露党和国家机密，有保密性质的档案证明要控制一定的使用范围，使档案证明真正起到服务于我国社会主义现代化建设事业和服务于人民大众的作用。

（五）档案目录

档案目录是联系档案用户与档案馆（室）的一种重要桥梁。档案用户只有借助于一定的档案目录信息，才能顺利地实现其利用需要。由于档案信息的特殊属性，许多收藏在档案馆、档案室的档案文件的信息内容和成分，档案用户知之甚少或知之不详。因此，档案收藏部门必须采取一定的服务方式，消除档案用户的需求障碍，促进其利用需求的产生与实现。实践表明，印发、出版、交换档案目录（索引、指南），是一种有效解决问题、提高库藏档案文件利用率的服务方式。

在机关、企业事业单位，档案室可以将与本单位的工作、生产或科研等活动相关的档案目录，主动印发给有关领导和业务部门。通过这种服务，使他们能够及时地了解可资利用的档案信息状况，以便有效地减少不必要的重复劳动，节约工时、人力和财力。

在档案馆工作中，亦可在了解社会利用需求的特点、发展趋势的基础上，有计划地出版档案目录、索引、指南等档案信息材料，有效地帮助档案用户了解馆藏档案信息资料状况，引导档案用户顺利地查找档案。

（六）网络化、档案数字化环境下档案利用服务方式的变化

网络化、档案数字化环境下档案馆（室）利用工作的改变，包括思维方式、工作模式、管理方法等多方面，而且档案利用服务的方式也发生了革命性的变化，主要表现以下几个方面：

1. 计算机占据主要利用空间

档案馆的档案阅览室除了保留少量的用于查阅档案（文件）原件的阅览桌等设备外，

其余绝大部分场地都将安装与馆内局域网相连的计算机。这些计算机根据需要，被集中划分为"公开现行文件"和"开放档案"利用工作站，供利用者查找自己所需要的档案信息。对于"控制档案"的利用，则应办理相关手续。

2. 网络服务成为查阅档案信息的主要方式

网络查阅档案信息可采取以下方式：

（1）文件下载

将档案原件和二次、三次文献下载到用户终端桌面的计算机，利用者就可浏览获取自己所需要的档案信息。

（2）网上数据库查询

档案馆将专题数据库置于网上，让数据库与网页连接，用户在档案网页上自由地检索相关档案信息。

（3）网页浏览

用超文本信息组织方式，将档案信息编辑成网页，用户通过浏览网页，阅读文字，观看图片等方式接收档案信息。

（4）定向网络传递

定向网络传递即定期将档案信息和编研成果传递给特定用户。

3. 下载、打印逐步取代复印档案

使用复印机复制档案的情况将大为减少，取而代之的是数字档案的下载和打印。这种改变对保护档案原件和提高编研工作效率十分有利。

4. 利用服务实现自动化

利用工作的全过程都可实现计算机管理。利用者登记、档案检索、阅览、下载、打印、查询、外借、催还等记录与统计，馆藏档案利用情况的综合统计分析等一系列工作由计算机自动完成，既提高了利用工作的准确性和效率，又将档案人员从手工劳动中解放出来。

二、档案提供利用的宣传和咨询服务

为了充分发挥档案的作用，扩大档案工作的影响，提高服务质量，及时准确地提供利用者所需要的档案材料，开展宣传和咨询服务工作是档案提供利用工作的一个组成部分。

（一）档案提供利用的宣传工作

1. 宣传内容

档案提供利用中的宣传工作，目的是启示人们正确认识和使用档案，使档案工作为人所知，取得领导和社会各方面的重视与支持，促进档案事业的不断发展。宣传的内容，应当抓住以下几点：

（1）宣传馆藏档案内容

档案馆是党和国家的科学文化事业机构，是永久保管档案的基地，是科学研究和各方面利用档案史料的中心。但由于档案的本质属性所赋予它的保密要求，千百年来，档案馆成为禁区，人们很难进入这个档案的世界，去发掘这些宝贵的文化财富，为全体人民造福。随着社会主义现代化建设事业的发展，我国已宣布开放档案，国内任何学者和公民都有权使用自己所需的档案。但广大利用者却因不了解档案馆保存着什么档案，是否有自己需要的档案材料，如何去利用它，而顾虑重重、踌躇不前。因此，必须大张旗鼓地宣传馆藏和开放档案的内容，鼓励和欢迎人们来使用，为利用者创造各种方便的条件，使来者有兴，去者满意，从而扩大档案馆的影响，密切档案馆与利用者的联系。

（2）宣传档案对社会建设的作用和实际效果

当前社会上不少人不了解档案的作用，甚至有档案也不用，给工作和生产带来损失。档案馆（室）应在提供利用工作中，宣传本馆（室）所藏档案对机关工作、生产建设、科学研究等方面发挥的作用，以典型事例说明，使人们了解档案的价值和作用。

（3）宣传有关档案馆（室）工作的规章制度和基本知识

向广大利用者乃至有关群众宣传档案馆（室）的职能、工作任务和基本原则，利用档案的有关规章制度和手续以及在如何利用档案上给予具体帮助，从而提高利用者查找档案的效率和利用效果，自觉遵守规章制度，维护档案的完整与安全。

2. 宣传方式

宣传的方式很多，下面介绍几种：

（1）档案的展览

举办档案展览，是为了配合各项工作的需要，根据一定的主题，系统地介绍和揭示档案馆（室）所保藏档案的内容和成分，普及档案利用的一种宣传和利用服务的方式，是档案馆开展爱国主义、革命传统教育，发挥社会教育的基本形式之一，也是档案馆改善外部发展环境，促进建设的有效途径。举办档案展览的形式很多：从时间上分，有短期和长期的展览；从内容上分，有综合性和专题性的展览。档案馆根据自己的条件可以在馆内设立长期的展览厅（室），陈列本馆保存有关国家、民族、本地区、本馆历史的珍贵文件和各种类型的档案材料，使人们一进入档案馆就对什么是档案、档案的种类和作用等，有一个概括的了解，引起对档案工作的重视。档案馆可以配合党和国家以及社会上一些重大政治活动和纪念活动，举办各种类型的展览，如清代档案展览，革命历史档案展览，各种专题性的人物和事件档案展览。机关档案室为配合当前的任务和机关的中心工作，也可以根据机关领导的指示，举办各种小型展览，如过去某些机关曾经举办过反文牍主义展览、规章制度展览等。档案展览可以由一个档案馆（室）单独举办，也可以由几个档案馆（室）联合举办，或与博物馆、图书馆等有关部门联合举办。规模可大可小，内容可以随着需要定期更动，可以是知识性的，也可以是教育性的。展览可以是长期陈列，也可以临时展览。

　　档案展览在一定的时间、范围内组织较多的人参观，服务面广泛，展出的档案材料经过加工，比较系统、集中，内容丰富，形象鲜明生动。因此，档案展览能够起多方面的作用。档案展览本身就是提供利用的现场，利用者不必花许多时间去查找，就可以较为集中和系统地得到所需要的材料，甚至可以得到从未见过和难以找到的珍贵材料和线索；档案展览是经过选择的典型材料，是最有价值最吸引人的材料，以新颖、形象鲜明见长，能以档案的原始性、真实性揭示历史事件的本来面目，给观众留下深刻的印象，起到生动的宣传教育作用；档案展览能显示档案内容的丰富多彩和为社会各项事业服务的作用，从而使人们了解档案的意义，意识到档案财富的宝贵，保护这些历史遗产的必要性，引起社会上对档案和档案工作的重视与支持以及在工作中广泛利用档案的兴趣。

　　举办档案展览是一项具有政治性、思想性、科学性和艺术性的工作，必须认真组织好，档案展览的组织工作包括：

　　第一，选定展览的主题。举办展览应有明确的目的性，选好展览的主题是搞好展览的关键。选题要配合国家的中心任务、重大政治事件或现代化建设中一些重大的、急需解决的关键性问题。题目选对了，展览的效果就会好。题目的大小要适当，题目过大，档案过多，质量深度不易保证，题目过窄，感兴趣的群众就会少。

　　第二，精心选材。围绕展览的主题，精心选出展品，是组织展览过程中最重要的一环。档案展览内容的思想性、科学性和展出效果如何，档案的内容和种类的选择具有决定性的意义。展出的档案材料是最能表现和反映主题的材料，能正确揭示事件或事物本质，具有长远参考价值的材料，要充分注意展览内容的客观需求，注重社会性，避免档案馆单方面的主观意愿。

第三，编制展品和编写说明。对选出的档案进行分类编排也是很重要的。展品一般按专题编排，每个专题内再按事件和时间的顺序排列，既要照顾到一个专题内档案的集中和系统性，又要照顾到各个专题间的相互联系，使人看后既感到材料丰富、全面，又觉得主题明确、重点突出、层次分明，展览的各个部分之间形成一个有机整体。为了使观众一目了然，要为展览编写前言，在每个部分或专题之前，写明题名、提要和介绍。

展览的说明文字要准确、简练、生动，能给观众留下鲜明而深刻的印象，对于加强展览效果有重要作用。

第四，陈列展出。综合性与专题性展览的展出场所选择对展览的效果影响甚大，档案馆必须结合展览的重要程度，精心挑选适宜场地。在目前各种档案馆或是政府大院或是偏于一隅的情况下，挑选处于繁华地段的著名文化场所作为展出地，更有利于吸引和方便观众参观，增强社会影响力。展出后，应注意搜集和听取观众的意见，不断改进工作。

举办档案展览，必须重视对展出档案的保护和保密。展出一般都用仿制的复制本，必须展出原件时，最好陈放于玻璃柜中或采取其他保护措施，防止档案的遗失和损坏，同时原件展出时间不宜过长。展出机密性的档案，需经领导批准，并限定参观者的范围。

（2）利用电台、电视、报纸、刊物进行宣传

近年来，有些档案馆根据党和国家的方针政策，配合社会教育和党史、革命斗争史、编修地方史志的需要，在报纸上公布档案史料或撰写文章。中国第一和第二历史档案馆，创办《历史档案》《民国档案》，主要公布明清档案和民国档案，并撰写一些印证历史和宣传历史档案有重要意义的论文。

（3）编辑出版档案史料和编写各种专题参考资料

档案馆（室）根据现代化建设和国家各项事业的需要，按照一定的专题或会议，将有关档案史料编辑成册，公开出版或内部参考，起到集中材料，便于查考的作用，是一种较好的宣传和提供利用的方式，受到各方面，特别是学术界的赞同。

（二）档案咨询服务

档案咨询服务工作是档案馆（室）为利用者服务的一种方式。它是以档案为根据，通过个别解答问题的方式，向利用者提供档案、档案专业知识、档案检索途径的一项服务性工作。

在档案利用过程中，经常遇到这样的情况：利用者由于种种原因，往往是带着亟待解决的疑难问题，来档案馆（室）查询利用档案。他们对馆（室）藏档案材料的内容和成分不够了解，对档案管理的原则和方法也不清楚，对需要查阅的档案检索要素诸如作者、

年度、题名与所属全宗都说不清楚，只能提出所要解决的问题或者提出一些零散的线索。为解答他们提出的问题，就需要有专人担任利用者与档案之间媒介的角色。所以，档案咨询服务是利用者与档案之间的一座桥梁，同时咨询服务还应面向社会，为还不了解档案工作或不知道每一个公民都有利用档案的权利的人们解答各种疑惑问题，扩大档案的影响，起到向社会宣传档案的作用。

1. 档案咨询的种类

档案咨询的种类，可从不同角度划分。

（1）按内容性质，可分为事实性咨询、指导性咨询与检索性咨询

事实性咨询是指档案馆（室）为解答利用者某一特定问题而提供的咨询服务，如利用者要求获得某一具体事件发生的时间、地点，某一会议的召开时间、会议内容和参加人数等。指导性咨询，是指档案馆（室）对档案用户在查阅档案时所发生的疑难问题提供的指导服务，如指导档案用户掌握使用档案检索工具以及查找档案材料的方法，解答档案用户在利用档案过程中的知识性咨询等。检索性咨询，是指档案馆（室）根据档案用户的利用需求，有计划、有组织地帮助利用者获得某一方面的档案信息而提供的服务，也称情报性咨询服务，如利用者想要得到某一个学术性研究课题有哪个单位或个人正在进行研究，搞到了什么程度，有什么成果可以利用等情况，某一个专题的材料保存在何处等。针对这些问题，档案服务人员需要调查研究，确定范围，明确检索途径，查找出有关档案材料或提供进一步检索这方面的材料的线索。

（2）按档案咨询的难易程度，可划分为一般性咨询和专题性咨询

一般性咨询是指档案馆（室）针对利用者在利用档案中提出问题而提供的解答性服务，如档案馆（室）基本情况，利用档案的规章制度，馆藏档案的内容和成分，某一机关或某一人物的档案是否在馆内保存，利用声像档案、照片档案、缩微档案方面的知识等。专题性咨询是指档案馆（室）为解决利用者急需解决的课题或专题而提供的服务。

利用者为完成一个课题，要求档案馆系统地提供有关的档案材料，这就要求咨询人员与专业人员共同研究制订方案，有计划、有重点地查找档案，进行针对性地服务。这种服务针对性强、涉及面广、发掘程度深，需要档案数量大，要求档案人员进行综合思维和分析并与利用者互通信息、密切合作，才能取得成效。

（3）按利用者向档案部门提出咨询问题的方式，可划分为口头咨询、书面咨询和电话咨询

口头咨询是利用者来馆（室）查阅档案的过程，可能遇到许多疑难问题，要求档案人员帮助解决。利用者提出的咨询问题多种多样，有的要求查找某一事实或某个专题的档案

材料，有的要求介绍馆藏档案与检索工具的使用方法，有的要求解答某一个名词术语扩大查找线索。接受口头咨询时，档案人员与利用者直接交谈，弄清其意图、要求，问题的中心实质，善于从利用者的谈话中进一步获得解决问题的线索。书面咨询是指远离档案馆（室）的单位或个人，写信来咨询。电话咨询一般多用于处理利用者急需解答的咨询问题。

2. 档案咨询的步骤

参考咨询工作的步骤一般为：

（1）接受咨询问题，建立咨询记录

把电话咨询、口头咨询变为书面咨询。

（2）研究分析问题

只有对利用者提出的问题了解具体，找出问题的关键所在，考虑所需档案材料的范围，才能使问题的解决针对性强，才能有助于提高咨询工作的质量和服务水平。

（3）查找档案材料

在调查研究的基础上，按照已确定的范围，选定检索工具，明确检索途径和方法，查找有关的档案材料。

（4）答复咨询问题

经过一系列工作，找出利用者所需要的档案材料后，即可答复咨询问题。答复咨询的方式，依具体情况而定。可分别采用直接提供答案、提供档案复制件、介绍有关查找线索等方式。

（5）建立咨询档案

答复利用者的问题，凡是比较重要和今后可能重复出现的以及一时解答不了的问题，就记录下来，建立完整的档案，以便进行定期统计和总结工作，提高咨询水平。

第七章　档案信息化管理的创新模式

第一节　不同载体的档案进行统筹管理

一、档案目录信息统筹管理

无论是电子的还是纸质的档案，无论是手工管理还是采用计算机实行自动化管理，整理、分类和编目始终都是档案工作的重要组成部分，档案目录是各级各类档案馆（室）提供档案服务利用的基础信息，也是实现档案检索和提供档案利用的重要依据。馆藏的传统载体档案中，手写档案目录是最常见的方式，而新归档的各类档案会形成各种机读档案目录，或以 Excel、Access、Word 或以关系型数据库格式存储的数字形式的目录信息，为了方便档案利用者，档案馆（室）必须对已有馆藏和以后归档的所有档案的目录信息进行整合，按来源原则或信息分类方式分别进行整理、分类与合并处理，形成能够覆盖各类档案资源的目录信息，并采用档案管理信息系统对档案目录信息实行统一管理，实现目录信息的资源共享和统筹管理。避免目前一些档案馆的做法：数字化档案采用管理信息系统进行管理，纸质档案采用手工翻本的方式进行检索。在档案馆实施信息化过程中，目录信息的数字化也是很重要的一项任务，不能由于工作量大、过去没有录入就成为历史遗留问题。

档案目录信息统筹管理的另外一个含义是案卷目录和卷内文件目录的关联管理，即尽可能将卷内文件目录也实行计算机化管理，并与其对应的案卷目录进行关联。当检索到案卷目录，就可以方便地浏览其卷内文件目录，提高检索的准确度；当检索到卷内文件目录时，也能够很快地定位到它所对应的案卷目录及其所在的库房存址，以方便调卷。

当然，由于档案馆人、财、物等资源的限制，档案信息化工作也是一个循序渐进的过程，不可能做到一蹴而就，因此，需要根据业务工作需要的紧迫程度，首先解决重要问题。有些档案馆在信息化实施一开始，注重新接收档案的目录建设和全文管理，而将原有馆藏档案的目录和实物数字化作为二期工程进行实施。实力较强的档案馆则将两项工作并行开展，以加快档案数字化处理和信息化利用的效率。无论采取哪种策略和方式，档案信息化最终的效果是将档案馆的档案全部实行信息化统筹管理,既方便档案工作者,又方便档案利用人员,更能为未来档案资源的社会化服务与信息共享奠定坚实基础。

二、目录全文一体化管理

档案全文,一方面是指馆藏档案内容的数字化信息,如缩微胶片、照片以及纸质档案数字化形成的静态图像文件,磁带、录像带等经过模数转化后形成的声音、图像等多媒体文件;另一方面是指各机构使用计算机和办公自动化系统等产生的电子文件归档后形成的数字化档案信息。这些全文信息是档案的内容实体,与档案目录信息相比较,档案全文能够提供更详细、更完整和更准确的内容和信息。然而,很多档案馆在接收电子文件或进行数字化加工后,没有将这些原文信息很好地管理起来,而是将这些数字化全文和图像存储在光盘、磁盘或网络存储器上,与保管纸质档案一样,把他们放在库房中,甚至没有进行分类、编目,根本无法进行系统化管理或提供利用。这完全违背了馆藏数字化和接收电子文件进馆的根本宗旨。我们知道,数字化信息最大的特点是利用的方便性和检索的快捷性,档案馆花费大量的时间、人力、物力和财力开展馆藏档案数字化和接收电子文件进馆的主要目的是方便利用,对于使用频繁的历史档案而言,也起到保护档案的目的。

实行目录全文一体化管理是信息化管理中比较有效的一种方式,其工作原理是首先在档案目录中进行检索,缩小范围,然后再检索全文,以便准确定位查档目标。通常采取的方式是,将档案目录信息采取关系型数据库管理系统实行统一管理,将扫描后的图像文件和新接收的电子文件/档案以文档对象或文件形式存储在文件服务器或者内容服务器上,并通过一定的访问规则将档案目录信息与这些文件对象进行关联。在检索到档案目录信息时,就可以浏览和检索全文。如果在信息系统中,还需要按照系统设定的用户对目录和全文的浏览、检索权限进行处理。

目前,很多档案馆在接收电子文件时,采用"目录全文关联归档"方式。这种归档方式是将电子信息分门别类,整理成方便检索的目录信息,并将电子原文与电子目录进行关联挂接,即将电子信息的目录与全文进行捆绑。具体实现思路就是把目录信息与电子全文信息分开存放,将电子信息进行分类、编目,形成档案目录信息,将目录信息存放在关系型数据库中,将电子全文存放在文件服务器或数据库的二进制存储对象中。因此,在实现电子信息归档时,必须做好分类编目、原文整理以及梳理他们之间的对应关系。同时与之相配套,需要建立"电子信息背景应用环境"自动下载中心,以确保电子文件/档案的可读性。

文件中心可以是一个将所有欲归档的信息集中到的一个逻辑管理中心,其物理位置可能是分布式存放在每一个业务系统内部，也可能是存放在档案馆的一个专门的服务器上，网络的使用已经模糊了电子信息的物理位置，只需要按照要求使工作人员方便管理、方便访问就达到目的。

在实际利用工作中，并不是所有有价值的档案都会被所有的档案利用者频繁查找，如工程设计或建筑系的人员需要经常查询的是工程图纸类的档案信息，而很少关心财务类的档案，而建筑专业的利用者基本上只查看此类档案的应用软件和浏览工具。正是基于档案利用者的这个根本需求和特点，因此"目录全文关联归档"方案是方便可行的，不需要像"脱机存储法"那样，针对每一类电子文件信息都记录它们的应用背景、环境信息，使存储介质中贮存了大量的冗余信息，造成资源浪费。但是，为了满足和方便利用者查看其他类电子档案信息，如单位领导可能会查看各类综合档案，"目录全文关联归档"方案采取提供"电子信息背景应用环境"自动下载并提示装载的手段，以满足对那些想查看数字档案信息，但其客户机上没有安装运行环境的网络用户的要求。

实施"目录全文关联归档"，要求档案工作者要转变传统的工作方法，从档案利用者的需求出发，分析档案被利用的范围和特点，遵循档案管理的原则和标准，对部门形成的数字化档案实行即时归档，即将"目录全文关联归档"的思想贯穿于电子档案形成的全过程。档案馆（室）的工作人员也要充分利用现代化管理手段，通过网络开展指导、鉴定、归档与管理工作，将工作重点转移到分析档案利用者的需求、开发档案资源的编研与开发、监控电子文件的形成过程，将工作模式从"被动接收"转变为"主动挑选"，将真正有价值的、值得保存的电子文件转化为未来社会需要参考和利用的档案资源。

档案信息的"目录全文关联归档"方案，充分体现了档案工作者在电子文件归档过程中采取的"主动服务、一体化管理"的全新理念，也保证了归档以后的电子信息能够获得科学有序的管理和提供利用。这种方案已经被很多档案馆所采用，并且推广应用于馆藏档案数字化处理后的目录信息与电子图像信息的管理中，这是目前我国档案信息化工作过程中值得借鉴和采纳的、行之有效的解决方案。

三、档案工作的"双轨制"

各行各业信息化的大力开展，必将形成了大量的电子文件和电子档案，但这并不等于档案馆以后就不再接收纸质文件。由于电子档案的法律依据、永久保存和安全管理等方面还存在这样或那样的需进一步探究和明确的问题，而实践经验告诉人们，优良的纸质档案可以保存上千年。因此，在未来相当长的时间里，电子档案和纸质档案将长期共存，二者之间的共存、互动与消长构成了信息时代人类记载历史的特殊方式。"双轨制"将成为21

世纪档案工作的主流模式。

"双轨制"是指在文件形成、处理、归档、保存、利用等过程中，纸质文件和电子文件二者同时存在，两种载体的文件同步随办公业务流程运转、同步进行归档、同步进入归档后的档案保管过程。实行双轨制的机构，在文件（包括收文、发文和内部文件）进入运转程序时就以电子和纸质两种载体并存，业务人员要对同样内容的两类文件进行并行办理。由此看来，"双轨制"的核心是从文件的产生开始就以两种载体形式记录各项社会活动的信息。这些记录中有保存价值的将作为档案进入归档阶段，将纸质和电子的记录同时移交到档案馆（室）。实行这种从头至尾的彻底双套做法是各行各业信息化应用的初级阶段，特别是在《中华人民共和国电子签名法》发布之前，电子文件的法律效力无法认可，电子文件的安全性、真实性和完整性很难得到保障。《中华人民共和国电子签名法》经全国人大审议通过并正式生效之后，有了法律保护，电子签名具有与手写签字或盖章同等的法律效力，电子文件与书面文书一样具有同等法律效力。从此，借助于网络环境、数字签名、身份认证等技术，确保电子文件从产生、审批、流转、会签、归档等各个过程的原始、完整、有效和可读，实现无纸化办公，成为21世纪人们追求高效率和科学化、规范化、自动化管理的现实需求。在这种形式下，是否还需要在文件的运转过程中实行"双轨制"成为大家关注的焦点和热点问题，也是学者们研究的重点。

就网络、电子环境本身而言，尽管他们存在先天的"不安全"和"淘汰快"等缺点，但每一种新的服务器、存储器、数据资源管理系统的出现都会兼容老的版本或者出台新的数据转换或迁移方法，目的是确保原来的电子数据不失效或可读。事实上，很多"读不出来"的"丢失的"数字化的文件和档案，究其原因主要是在计算机硬件环境和软件平台升级的特殊时期，没有及时做数据的转换或迁移工作，当属管理上的失职。当然，每一次转换或迁移都有可能破坏档案文件的原始性，或者丢失一些相关信息，这才是为什么要实行"双轨制"的根本原因。

彻底的"双轨制"需要投入很多人、财、物，在电子文件形成过程的管理上也很复杂。因此，很多单位采取了"双套归档"的做法，一种是将办公自动化系统中属于归档范围的电子文件在归档前，制作纸质拷贝，归档时将二者同时移交到档案馆；另外一种则是对纸质的文件进行数字化扫描和文字识别处理，形成纸质档案的电子拷贝。这样，保存的电子文件可以方便网络化利用，纸质文件则主要用作永久保存，有些单位则采用缩微技术，实现档案的缩微化保存。这些做法不可避免会增加档案馆接收档案和管理档案的复杂性，提高档案管理和保存的成本，但这依然是21世纪档案工作的主流方式。随着时间的推移，档案馆保存的纸质档案和电子档案的比例将会逐渐发生变化，但纸质档案将还会在相当长一段时间成为馆藏的主要成分。

因此，各档案馆需要根据自身管理档案的特点和所拥有的资金、人才、网络设备资源等状况，选择恰当的档案接收方式，开展档案的接收和档案信息化管理工作，比如，是全部档案做双套归档还是将重要的部分做双套归档，是在管理过程中随着档案利用的需要做数字化还是全部数字化等。在这一点上，每个档案馆的情况都不完全相同，因此无固定的模式可循。

第二节　文件档案实行一体化管理

一、文档一体化管理思路

文档一体化强调电子文件全过程管理的连续性和信息记录的完整性，目的是确保有保存价值的电子文件，自生成开始到生命周期活动过程结束的全过程，信息能够获得完全的记载和一致的保存。文档一体化管理的思路体现在以下几个方面：

（一）管理过程的互动性

文档一体化最重要的特点是：将现行业务系统的工作与档案工作实现互动与交叉。一方面使档案工作者从文件生成之日起就能够开展鉴定、归档及归档后的管理，通过前端参与和过程控制，加强为社会积累财富的执行力；另一方面也使得开展现行业务活动的工作人员增强了对档案的认知程度，不仅认识到，只有将有价值的文件完整归档并移交给档案部门进行保管才能算相应的工作真正结束，同时还要意识到，在开展现行业务系统的过程中，要责任明确、注意积累，记录电子文件活动全过程中所有重要的和有价值的信息，确保电子文件的真实性和完整性。管理过程的互动性加强了多方人员工作中的交流与沟通，对形成和积累有价值的、完整的、真实记载社会活动记录的电子档案具有非常重要的社会意义。

（二）应用系统的统一性

文档一体化管理模式的实现是文件和档案共同依赖统一的管理信息系统，并运行于同构的网络、服务器、数据库管理平台，采取相同的数据、文件存储格式，不同的是管理文件与档案工作人员对信息系统的操作权限有所不同。在文件的生成、处理、会签、审批等各业务工作处理阶段，业务工作人员拥有对文件的增加、修改、删除等权限，而档案工作者只有查看、浏览的权限。在文件结束其现行期业务工作之后，进入归档阶段时，由电子文件的归档整理人员进行筛选、整理，而档案工作者则开始履行电子文件的鉴定职能和归档前的指导工作。在电子文件归档形成电子档案后，档案工作者则需要开展电子档案的保管，并为档案形成单位和社会提供档案的服务与利用。应用系统的统一性使得在从文件到档案的转变过程中，不再需要数据转换和迁移，保持了文件信息的真实性和完整性，同时也降低工作人员使用信息系统的复杂性，减少了使用过程中的错误发生率。

（三）工作流程的集成性

在传统的文件管理过程中，文件的形成、归档和作为档案保管与提供利用等环节，都将文件生命周期清楚地划分为三个相对独立的过程，即现行期、半现行期和非现行期，并通过现行业务工作部门、机构档案室和档案馆三个物理位置不同的部门分别完成各自的工作。而文档一体化则将文件、档案的管理流程实现了集成，要求在一个统一的系统内，有统一的控制中心，统一的工作制度，统一的且各有特点又互相衔接的工作程序，将档案著录、鉴定、保存和管理等工作贯穿于文件的形成、流转、会签、批准或签发、整理、鉴定、归档、移交、保存或销毁等各个环节，实现各个过程中工作流程的集成和信息的共享，而且能够根据不同的文件与处理要求定义特定的工作流程，实现流程的优化和个性化处理，提高了工作效率，降低了档案接收和保管的复杂性，避免了信息的多次录入和产生不一致信息的可能性。工作流程的集成性体现在以下几个方面：

1. 归档工作与文件处理业务活动的集成

各单位在采用办公自动化系统形成和处理文件时，可以考虑对重要文件贴上归档标记，保证其在处理完毕之后即可存入档案数据库。这个动作将一直被定位为将业务活动最后环节的归档，贯穿于电子文件处理的业务流程的各个阶段。

2. 归档工作和鉴定工作的集成

文件形成之日对重要文件做归档标记，是对文件保存价值的一个初始判断，档案工作人员在开展鉴定工作时，重点考虑带标识的文件。这样既保证了鉴定的质量，又提高了工作效率，使归档文件的质量控制和文件的技术鉴定工作得以同步进行。

3. 归档工作和用户权限设置、数据备份等安全保护活动的集成

归档意味着电子文件管理权由文件形成单位转移到档案保管单位，系统用户对文件的操作权限随之发生变化，另外归档过程中需要对归档电子文件做电子签章、做数据备份，

这些工作都可以随着归档工作的结束同步完成。

4. 归档工作与档案整理工作的集成

归档的同时，系统将根据预先设定的档案目录信息著录的规则，实现自动分类、自动著录，然后，在人工参与下进行核对、再确认和添加档案室（馆）保管档案的其他元数据项的内容。

（四）业务处理的自动性

文档一体化是在充分信任的网络、计算机和信息系统的数字环境下开展工作，采用信息技术和基于工作流程管理理念实现的自动化信息系统，不仅提高了工作效率，而且降低了错误发生的概率。同时，在一些业务处理环节增加了系统自动处理技术，如电子文件版本信息的自动跟踪、电子文件处理过程中的责任链信息的记录、基于管理规则实现的电子档案的自动标引等，都大大提高了业务处理工作的自动化程度，减少了人工操作的复杂程度。由于这些自动化的处理过程是通过系统进行身份认证之后自动生成并保存记载的，因而，大大提高了电子文件整个生命周期活动中信息记载的真实性和完整性。

（五）归档工作的及时性

通过对文档一体化应用系统的广泛使用，档案工作者能够随时对归档范围内的、已经完成现行期使命的文件实行鉴定、整理、归档和提供利用等工作。一旦电子文件的形成机构确认该文件已经结束现行期的历史使命，就完全能够实现即时归档、即时鉴定，避免以往通行的隔年归档中存在的各种问题，如丢失、泄密、滞后等。

二、文档一体化实现方法

文档一体化管理系统的建立离不开计算机与网络技术的支持。现代化的办公系统要求文书与档案工作紧密衔接，实现办公信息的传递、存储、查阅、利用、收集的现代化和自动化。由于受我国文件和档案分开管理传统模式的束缚，迄今为止，办公自动化系统与计算机档案自动化管理系统是两个相互独立的系统。目前，不少名为"文件和档案管理一体化的信息系统"，其实也只是将文件管理和档案管理并列，而非真正将数据集成在一起，仅仅是将办公自动化系统产生的数据自动导入档案管理的信息系统，这绝非真正意义上的文档一体化管理信息系统。文档一体化要求对归档文件的真实性、完整性、有效性在文件产生阶段加以控制，鉴定、编目、著录、标引等工作也要在文件产生和处理阶段进行。因此，研发能够覆盖电子文件全部活动，实现文档状态记录和全过程管理的集成系统，将部分"档案管理工作"前置到"公文处理工作"中的文档一体化计算机管理信息系统，是实现文档一体化管理的关键。

从文件产生到利用的生命周期角度看，文件与档案的关系决定了它们具备实行一体化管理的条件。一方面，现行文件与档案是一个具有内在联系的整体，它们的物质形态、内容主题以及本质结构都是相同的，均是附在有形物质上的信息，其区别仅在于文件是现行文件而档案是历史文件，从现行文件变成历史文件，是一个顺序完成的过程。显然，归档文件与档案只有文件所处阶段的区别而无本质的不同，对处于不同阶段的文件实行一体化管理，是社会发展的根本要求。另一方面，文件形成、处理部门与档案部门只是分别管理处于不同阶段的文件，在文件的产生、流转、审批阶段，文件处于不停的流转过程中，所以需要分散保存和管理，这有利于随时查用和迅速运转。文件分散保存的任务主要由文件产生部门承担。当文件运动周期完成以后，文件就处于"休眠"状态，这时需要集中整理后并归档保存，这样既有利于档案的完整、安全和科学的管理，又有利于向社会各界提供查询利用，这就需要有一个服务机构即档案馆（室）进行统一管理。因此，文件形成与处理部门和档案馆二者都是为了存储、传输和利用文档信息而存在。

从系统学的角度看，文件和档案的管理是一个完整的信息系统，在这个信息系统中，文件质量的好坏直接决定着档案的质量，档案的质量又对未来文件的形成、收集和整理归档产生推动作用，二者的关系十分密切，相互关联又相互影响。因此，把文件和档案纳入一个统一的系统内进行管理，既有利于文件与档案信息资源的系统化优势的发挥，又符合档案馆（室）现代化管理的快速发展需要。

（一）文档一体化系统业务流程

文档管理的实际办公过程比较复杂，本书以公文产生、流转、审批、归档为例说明文档一体化管理的业务流程。有保存价值的电子文件经过整理、鉴定、审核、移交、归档到档案部门管理后，形成电子档案。

（二）文档一体化系统功能结构

通常情况下，文档一体化管理信息系统的功能包括系统维护、收文管理、发文管理、归档管理、文印管理和档案管理。这几个模块相互关联，内部信息集成化共享，真正实现了电子文件到电子档案的自然归档和一体化管理。

1. 收文管理

以电子文件的形式处理和记载上级公文、平级来文，用户可根据公文的登记日期、急缓程度、当前流转状态等过程信息快速有效地找到相关文件并进行相应的操作，主要包括收文登记、收文流转、文件催办、流程监控、文件发布等过程。

2. 发文管理

处理并转发内部制定的或外来的文件。电子文件起草后，均需逐级通过各主办与会签部门人员的审批和修改，最后提交领导签发，形成正式的公文，然后登记、归档。主要包括发文起草、发文流转（含修改留痕、文件套红）、文件催办、流程监控、发布等主要工作。

3. 归档管理

电子文件的归档大多采用以下两种方式，一是通过机构内部局域网的电子公文传输系统从网上实现自动归档，系统通过归档环节后，电子文件的管理权就移交给档案管理部门，成为电子档案。此时，其他业务人员能够按照系统授予的权限查询电子档案，但不可以修改。档案在归档环节中，系统需要设定各种技术措施如电子签章、完整性验证等手段来确保归档的电子文件是有效的、完整的。这种方式是文档一体化系统内部自动实现的功能，档案管理人员只需要按照系统使用要求进行合理的操作，关于系统的数据备份、安全性等措施需要按照档案法和电子文件归档标准与规范严格进行管理和实施，在系统设计之初，档案业务人员需要提出充分的需求才能保证文档一体化管理系统功能的完整性且符合实际工作的要求。二是各立卷部门在向档案馆移交纸质档案的同时，上交电子载体存储的各种信息，如磁盘、光盘等。这种方式主要用于一些重要的凭证性或机密性电子文件的移交，归档后的管理也应采取相应的物理隔离措施和安全防护方法，特别是涉密档案不能存储在网络上，防止泄密。

4. 档案管理

根据国家版本的电子档案归档与管理的相关标准，执行档案的移交、接收、审核、保存、管理、查询、统计以及提供服务利用等工作，档案形成机构可根据档案的信息类别或档案来源建立相应的档案信息资源库，并可根据归档年度、归档部门或档案实体分类等建立快速检索机制，方便借阅和提供利用。

（三）电子文件网络化归档的真实性保障方法

电子文件的归档过程包括电子文件归档产生的数字化档案信息（以下简称增量数字化档案信息）的形成、归档、管理和利用四个重要阶段，每个阶段都需要采取各种策略和方法保障档案信息的真实性。

现行期电子文件是增量数字档案的原生信息，这个阶段档案信息真实性保障的主要责任人是电子文件连续被处理的多个现行业务工作者，信息系统中常采用的技术保障措施是电子签名、日志跟踪、计算机处理等，在信息系统中记录和保存电子文件的形成、流转、审批到结束现行期业务全过程的原始信息和变动信息，形成电子文件的多个过程版本，并在终稿完成后，在档案专业人员的指导下，及时开展电子文件的归档工作。电子文件在现行期的任务结束后，其真实性风险因素主要取决于人为原因造成修改或者网络黑客有意篡改系统中记录的原始信息、过程信息和终稿内容。因此，保障真实内容的安全方法是建立电子文件的终稿转存库，实现电子文件从现行期系统中自动转入半现行期的提供利用的信息系统中，加强管理，增强系统的自动化处理功能，采取各种有效措施确保终稿的电子文件不被任何人修改。因此，现行期电子文件所生存的办公自动化系统应采用电子签名技术加强对访问该系统的用户身份的认证，在文件终稿形成并进行发文或归档前加盖电子公章以避免被修改，这正是对《中华人民共和国电子签名法》的具体实施。

进入归档阶段的电子文件，如果采取网络化归档方式，应重点防范网络上非法访问的篡改行为，以及网络传输过程中数据被修改的可能性。这个阶段，建立客户信任的专网传输通道是必要的也是很有效的，利用公网传输的用户可以考虑采用 VPN 技术实现网络化归档，充分采用 VPN 的数据加密、身份认证、访问控制、隧道封装技术等，以保障档案信息从信源真实地传送到信宿。对于密级较高的数据，采取介质归档比较稳妥。当然，这个过程中，归档单位对档案人员工作的管理制度和规范化操作要求依然是非常重要的。在这个过程中，档案专业指导人员的重点在于监督执行，并严格控制由于人工原因造成的失误。

电子文件归档后进入档案及其信息的接收、维护和综合管理阶段，档案馆（室）接收的电子文件应具有法律依据，《中华人民共和国电子签名法》规定了电子签名的有效使用方法。因此，档案形成单位在移交电子文件时，需要采取法律上认可的电子签名、电子印章等方法保障准备移交的电子文件的真实性，档案馆（室）在接收档案时应首先验证电子签名、电子印章的合法性，并将归档的信息与电子文件终稿转存库中的信息进行比较，在核实真实完整后，才能正式接收电子档案并将其迁移到档案馆的信息管理系统中，此时还需要在实行物理隔离的档案信息的灾难备份数据库中新增当前的档案信息，然后再开展维护管理和提供利用等工作。

提供利用的档案信息按照档案法、国家保密法规和档案保管条例，一般只在网上提供公开档案信息的服务利用，在档案工作人员严格执法和规范化操作的前提下，破坏档案真实性的风险因素主要来自网上非法用户的恶意篡改、病毒攻击等，因此在提供档案信息网络化利用时，除了加强网络安全防范措施外，还需要对公开档案信息采取灾难备份，并定期对网上提供利用的开放信息进行真实性核对。

由此可见，档案馆（室）制定各个阶段电子文件真实性保障的规章制度将贯穿电子文件生命周期的整个活动过程，建立物理隔离的电子文件终稿转存库和档案信息的灾难备份库是保障档案真实性的有效措施，虽然会增加信息化系统的运行成本，但在确保档案信息真实性方面是非常有效的，也是可行的。

三、文档一体化深化应用的要求

实现文档一体化管理是信息时代档案工作的全新管理模式，是适应电子文件、电子档案管理发展的必然要求。文件、档案一体化管理的最佳实践是，在组织机构内部建立功能涵盖电子文件生命周期业务活动的管理信息系统。

文档一体化的实现，使办公业务实现自动化、规范化，档案管理日趋现代化，具有电子文件从起草时就备份、从办文时就修正、办完后就归档、鉴定及整理等工作都能依靠计算机实现互动管理等优点。当然，开展文档一体化管理工作，对档案工作者也提出了更新、更高的要求，要求工作人员不仅要具有丰富的档案专业知识，还必须掌握现代信息技术，熟练地使用计算机及通信设备。

（一）提高认识、统一思想是文档一体化管理的基本要求

文档一体化的实质是将机构各部门相对分散独立的文件与档案统一为一个有机的整体进行管理。这不仅能够加强档案部门对文件管理的超前控制，保证档案的质量，而且能够实现文档数据的一次输入，多次利用，减少重复劳动，节约人力、财力、物力和时间。然而，要想真正实现文档一体化管理，对档案工作者而言，特别是档案部门的领导，必须对文档一体化管理理念有一个全面、客观、科学的认识，并达成共识，使其充分认识到一体化管理的真正受益者是档案工作者自身，认识到新时期文档一体化的必要性和紧迫性，认识到这是时代赋予当今档案工作者的使命，只有这样才能够顺利推行文档一体化管理，加强自觉性，使他们面对困难，不逃避、不退缩，勇于接受新鲜事物，逐步实施和应用文档一体化管理模式来开展各项业务。

当然，信息化工作是一个长期而复杂的系统工程，需要各单位投入必需的经费支持，这就要求各单位应逐渐增加对档案管理部门的投入（包括人才、资金、设备等），落实档案事业经费，高度重视档案信息化建设，把档案信息化作为机构信息化建设的一个重要内容来抓，统筹规划，同步发展，提高档案管理的工作质量和效率。

（二）加强电子文件管理的标准化与规范化

文档一体化管理，使电子文件与电子档案之间的关系更加密切，把二者放在一个综合的管理系统中，作为前后衔接、相互影响的子系统，统一地组织和控制整个文件生命周期的全过程。由于文件管理与档案管理的这种前后相承的关系，文件管理直接关系到档案管理的存在和发展，只有文件管理做到标准化、规范化，档案管理才能够顺利地展开。如果文件管理无章可循，紊乱不堪，可以想象档案管理各环节也会陷入忙乱无序的状态，这也会影响综合管理信息系统整体功能的效用。因此，必须强化电子文件管理的标准化、规范化，严格规范表达文件内部特征和外部特征信息的各项数据，为更好地推行文档一体化管理服务。作为档案工作者，应严格按照《档案法》和《电子公文归档管理暂行办法》，参考《电子文件归档与管理规范》，对现行文件管理过程提出各种标准、规范和具体实施要求，从而促进文档一体化管理的规范化和标准化。

（三）加强培训和继续教育，提升档案工作者的综合素质

文档一体化管理要求档案工作者不仅具有档案学基础理论知识及专业知识，还必须掌握现代信息技术，熟练运用计算机及现代通信设备来操作网络化管理信息系统，要求档案工作者不断调整自己的知识结构，提高技能，加强综合素质的培养。如果不熟悉计算机，不懂网络知识，根本无法接受文档一体化管理思路，更无法开展电子档案的管理工作，也不可能参与到电子文件管理的全过程中。因此，加强档案信息化咨询与培训，开展现代档案管理专业知识和档案信息化技术知识的继续教育，是档案部门迫在眉睫的任务，也是实现文档一体化管理的前提。否则，进行前端控制，开展电子文档的完整、有效和安全管理就成了一句空话。

第三节　推动馆藏档案的数字化应用

一、馆藏档案数字化的意义和任务

中办、国办联合发布的《关于加强信息资源开发利用工作的若干意见》中明确指出："各级党政机关、企事业单位要充分认识信息资源开发利用工作的重要性，加强政务、企业、产业等信息资源的开发与利用，充分发挥信息资源在信息化建设中的重要作用。"国

家档案局在《关于加强档案信息资源开发利用工作的意见》中明确指出："档案信息资源的开发与利用是现代档案工作的重中之重。"档案作为一种特殊的文化资源,是国家信息资源的重要组成部分,它的开发与利用具有非常广泛的社会价值和实际意义。

馆藏档案数字化工作主要包括两项任务:一是将传统载体档案目录进行数字化;二是将档案内容进行数字化。

档案目录数字化的主要工作是对载体档案进行编目,并将目录信息录入到计算机系统中,建立档案目录数据库,利用管理信息系统实现档案目录数据的计算机化管理和目录信息的资源共享。

档案内容数字化的主要工作是将馆藏的纸质、照片、录音、录像、缩微等档案通过扫描、加工、处理(包括去污处理、图像处理、OCR 识别等),转变为文本、图像、图形、流媒体等数字格式的信息,存储在网络服务器中,利用计算机及信息系统提供查询、检索和浏览。

二、馆藏档案数字化的思路与方法

"一切为了用"是开展馆藏档案数字化的主要目的。这就说明了档案馆工作人员不仅要开展档案目录信息的著录、馆藏档案内容的数字化加工与扫描,更需要建立一整套完整的综合业务管理信息系统,加强数字化后的档案信息的利用服务工作。由于馆藏数字化需要花费大量的人力、物力和财力,加之数字化加工过程对档案原件也会有或多或少的损害,所以,不能盲目地赶潮流、追先进、不分先后、不讲策略地将馆内所有档案逐渐进行数字化。

(一)做好馆藏档案数字化的前期基础工作

需要对哪些档案进行数字化、采取什么方法来开展、数字化加工需要购买哪些设备、除此之外还需要做哪些准备工作,以及如何做等,都是馆藏数字化的前期基础性准备工作。

1. 做好可行性论证

一方面要根据档案利用的需要、资金情况、馆内人员知识结构、馆内软硬件平台、馆内信息化应用现状等基本状况,在充分了解和认识馆藏档案数字化系统建设的复杂程度和技术要求之后,做好馆藏数字化系统建设的可行性论证工作,确保系统建设自始至终不被中断,确保数字化后的档案信息能够真正使用起来,见到实效。

2. 选择数字化加工方式

数字化是保管档案过程中所做的一项技术性较强的现代化处理工作，这对习惯了传统管理工作的档案工作人员来说，具有较大的难度。因此，需要提前做好规划，明确系统建设的实施方案。主要包括：馆藏档案数字化系统分几个阶段完成，每个阶段的任务和目标是什么，应对哪些档案做数字化加工和处理，数字化加工处理过程中的安全控制、进度控制、质量控制和成本控制等过程中应采取的方法与策略，数字化后的档案信息如何与现有的计算机信息系统实现集成，如何发布档案信息以提供利用，如何解决备份和长久保存等问题，这些都需要提前做好解决方案，并在档案工作人员和数字化加工协作人员之间达成共识后，才能开始工作。边加工边讨论的方式只能导致工期拖长、见效缓慢、安全性保障难，甚至导致项目失败。

对馆藏结构、馆藏量、馆藏利用量、馆藏档案年度、馆藏档案受损情况、档案存储介质、各存储介质的寿命等综合因素进行深入的分析，围绕档案永久保存特点、用户快速查档和高频查档的要求进行深入的研究，按照档案利用率和档案的紧急保护程度对库房档案进行量化分析，获得按年、季、月进行排序的需要进行数字化处理的档案案卷数量、纸张数量、纸张大小以及声像和缩微胶片的档案数量等，并以此来提出对购买设备的种类、数量和性能的要求。

如果档案馆内有缩微品档案且数量比较大，以后还会有进馆的缩微档案，就需要考虑是否在馆内购买缩微扫描仪，以解决长期的缩微品数字化的问题；如果数量很少而且以后也不会有缩微档案进馆，那么就不需要购买专用设备，可以考虑采用一次性的外协加工方式。录音、录像档案数字化方案也采用同样的分析方法，根据具体情况考虑是否需要购买专用设备并建立数字化加工流水线等事项。

多数档案馆藏以纸质档案为主，因此，建立纸质档案的数字化加工流水线几乎成为必须，当然各档案馆（室）也可以根据自己的实际情况，不购买扫描设备，采取分批分工的外协加工方式，只需要将加工后的数字档案信息进行科学管理、利用信息系统提供服务利用。这也是一种推荐的馆藏档案数字化加工的解决方案，特别是在数字化加工量比较大时，即便是在馆内建立数字化加工流水线，如果没有聘用足够的扫描加工工作人员，单靠档案馆内部工作人员很难在短时间内完成加工任务，达到良好效果，而专业化外包加工服务能够在保障质量和安全的前提下快速完成任务。

（二）确定数字化加工的协作模式

档案内容数字化工作包括数字化预加工和深加工两步，预加工是能够将纸质档案、照片档案、缩微胶片等转变为电子图像文件，不能将纸质档案上的文字信息进行完全处理，深加工则是利用技术含量较高的 OCR 和语音识别等处理技术获取载体档案中的文字信息，以利于提供全文检索。

馆藏档案数字化工作量大，涉及扫描加工、图像处理、数字信息存储与管理、OCR 自动识别等技术，仅依靠档案部门的力量开展系统建设是很困难的事情。

（1）在系统建设之初就需要开展需求调研与分析，考虑需要购买哪些硬件设备和软件支撑系统以及系统能够实现的自动化程度等，这必然需要开展大量的咨询、诊断和分析等工作，聘请有经验的、开展数字化加工的专业服务机构来协助档案馆开展系统规划是非常必要的。

（2）开展数字化加工，首先要建设一个能够支持加工过程各环节进行数据管理的信息系统，然后再基于该系统有条不紊地开展工作，只有熟练操作和使用各类数字化设备的加工服务人员才能确保速度快、质量高，确保工作的有序开展。

（3）数字化加工完成后，生成的各类电子图像、原文信息、档案目录数据等都需要做关联处理，而且需要以光盘或者网络存储方式进行发布。

信息发布本身又是一个系统，需要专门开发，如果采用成熟的软件将会大大缩短数字化后的档案数据的呆滞时间。目前，市场上开展数字化加工的专业 IT 公司已经在信息系统建设、加工流水线、安全保障等方面开展了大量的工作，积累了较为丰富的经验。借助于这些 IT 公司的力量来开展馆藏档案数字化是一个省时、省力、省钱且相对安全的高效方式。

（三）保障数字化档案信息的真实性

在馆藏档案数字化过程中，数字化档案信息的真实性、完整性保障主要体现在档案实体的扫描加工和档案目录的数字化两个方面。

1. 扫描加工过程中的真实性保障

馆藏数字化档案信息在其形成、管理和提供利用的过程中，制定保障档案信息真实性的规章制度是非常重要的管理措施，各个阶段的安全保障侧重点不完全相同。

在数字化加工的档案信息形成阶段，加强对数字化加工人员的管理是非常重要的，其中最重要的是，不允许将档案带出加工基地。另外，数字化承包商为了保证信誉也需要制定严格的加工基地管理措施，多采用半军事化管理，流程化、自动化、岗位责任制等用以强化管理、反抄袭的管理模式，杜绝档案信息在处理过程中人为外泄。在档案信息形成阶段，信息真实性的风险表现为技术上的不成熟因素，如扫描过程信息丢失，图像到文字转换过程中产生错误识别等因素，因此采取较高的技术手段是完全可以保障信息真实性的。由于每个过程、每个岗位都会将数字化后的档案信息与档案原件进行比较，而且参与加工的人员主要从事体力劳动，一般不雇用文化程度较高的人员，他们对档案也不是很了解，甚至无心了解，因而，这个阶段档案信息真实性的保障主要是采取先进的技术手段来减少误差。

在数字化档案信息的管理和提供利用阶段，这与电子文件归档后进入该阶段的管理相类似，同样利用灾难备份库对新形成的馆藏数字化后的档案信息进行备份，并在管理和提供利用的过程中加强网络安全管理，提高档案馆内部管理人员操作的规范性和管理工作的程序化，制定自动核对计划，确保档案信息的真实性。

2. 数字化档案目录信息的真实性保障

数字化档案目录信息一般都存储在数据库文件中，它的安全性主要取决于数据库管理系统自身的管理能力，它的真实性主要取决于档案管理员依法管档的严格程度。这一部分数据是管理人员根据档案原件提取出来的、用来描述档案原件核心内容的元数据信息（也可能是电子文件自动归档过程中通过预先设定的规则自动生成的、描述文件属性的元数据信息），这一部分信息并不像档案原件那样具有凭证性作用，它只是为了方便管理和快速检索而形成的，并且在以后的管理过程中某些信息可能会改变。因此，它的真实性并不像人们对档案原件数字信息的要求那样高，但为了不产生负面影响，要求档案目录信息的著录人员应依据档案管理学理论，按照档案著录的标准和规范严格要求自己，严格保障目录信息的真实性，从而更有效地提高档案的检索和利用效率。

（四）加强数字化档案信息的整合与集成

馆藏档案数字化和电子文件归档后，产生了大量的数字化档案信息，如果只将其刻录于光盘或存储在磁盘中，不提供系统化的档案利用服务，是错误的和无意义的，也不是馆藏档案数字化的真正目的所在。一些档案馆在开展数字化之前就使用了档案管理信息系统来管理档案的目录信息，并在馆内提供档案目录信息的检索服务，也有一些档案馆在开展数字化的同时也建立起电子文件归档系统，收集电子文件并整理其目录信息，还有些是将馆藏档案数字化作为档案信息化的启动工程。但无论是哪种情况，都需要处理好当前档案馆面临的电子文件归档、馆藏档案数字化和对传统载体档案管理的业务关系，将这三项主要工作形成的数字化档案目录信息和档案内容对象实行同步管理，对于电子档案有纸质备份的或纸质档案有数字化拷贝的，都需要做关联处理，做到同一档案内容的一致性管理。否则，在档案馆分别建立电子文件管理系统、馆藏档案数字化管理系统、纸质档案管理系统,必然会造成系统间数据重复,甚至不一致,从而增加管理的复杂程度。

21世纪初,我国的各级各类档案馆正处在纸质档案与电子档案并行接收和管理的特殊时期,传统载体档案的目录数字化需要计算机管理,馆藏档案数字化后形成的图像文件需要信息化管理,电子文件归档后形成的电子档案也需要信息化管理。因此,当前档案工作的复杂程度相对较大,需要制定科学的管理制度,梳理管理流程,加强对档案实体和档案数字化信息的集成化管理。只有这样,档案工作的效率才会得到较大程度的提高,档案信息才能得到有效的利用。

(五) 保障数字化档案信息的存储安全

数字化档案信息的安全管理是档案信息化应用的前提条件。档案安全管理的重要性是由档案本身和档案管理的性质决定的,档案信息化建设必须充分考虑电子环境、应用系统和档案数据存储等方面的安全问题,正确处理方便、高效使用与安全管理的关系,不能因过分考虑安全而限制了档案信息的网络化传输与使用,这样将大大降低网络化应用系统的使用价值。对于数字化档案的网络化存储系统,一方面要求使用带自动备份功能的专用服务器和数据库管理系统,能够配置备份作业计划并安全执行,如光盘库、磁盘阵列、专用网络存储设备等,对备份信息能够实现数据的迁移和方便恢复;另一方面也应同时使用安全介质备份,定期刻录(复制)备份信息,实行异地保管。

当然,数字档案的安全保障更需要建立健全管理制度和安全操作规范,实行有效的网络安全管理手段和措施,采用严格的授权管理解决方案。从档案内容的安全管理角度来说,应充分考虑以下基本的安全保障原则:

(1) 密级区分原则,对保密档案信息实行物理隔离并将责任落实到人。

(2) 内外区分原则,将开发档案信息与受控使用的档案信息进行区分。

(3) 用户区分原则,将档案形成人员、档案管理人员和公众用户分别设立不同的使用系统和浏览数据的权限。

(4) 系统区分原则,将档案馆内部使用的档案管理信息系统、电子文件归档系统、档案信息发布与利用服务、行政规范性文件管理等系统加以区分,严格控制各自的安全操作权限。

(六) 提供数字化档案信息的方便利用

馆藏档案数字化的一个根本目的是方便利用,如果将数字化后的图像刻录成光盘存放在库房中,与纸质档案采用同样的管理方式,那么数字化的效果就很难体现出来。只有真正将档案的数字信息放在网络环境中,提供网络化的高效服务,才能确保投资有收益。

第四节　推动档案资源的社会化利用

一、档案资源的知识化积累

档案的形成（鉴定、收集、整理与归档）是从个体知识到组织知识、再到社会知识转换的文化积累、动态跟踪的历史记载过程，档案的开发与利用（编研、开放、发布与利用）是人类传承文明、创新发展的进步与发展过程。这两个相互衔接、彼此推动的过程循环往复、推陈出新，构成了人类社会的知识化动增长（Adaptive）和社会化自适应的档案资源不断丰富的过程模型。这表明了档案文化通过"传—承—积累—发展—传"这样一种类似于文化加工厂的生产工序，随人类自身的繁衍而形成民族文化生生不已、无始无终的传承环链。

21世纪初，我国的电子政务与各行各业的信息化已经进入了以知识管理为核心的快速提升和综合运营的重要发展阶段，信息技术的发展把知识管理推到"以知识为基础的经济社会"的提法更表明了人们对知识和技术在经济增长中的作用有了更充分的认识。可以想象，未来的互联网是一个丰富多彩的"知识网"，是一个储存综合知识的文化资源大仓库。档案作为人类社会活动的原始记录者和忠实承载者，记录了人类社会成果的同时也揭示着人类文化，它是民族文化遗产的重要组成部分。同时，档案在文化传承中占据着举足轻重的地位，发挥着不可替代的作用，正是由于有了档案与档案管理，人类才能够不断地在继承中存在、发展，在存在、发展中延续，不断使自己真正成为一个连续的时空整体。档案与档案管理是人类社会时空统一性和连续性的维系之道……因此，档案资源必将会成为未来"知识网"中不可或缺的重要组成部分，世世代代传承着人类的文明。

二、档案资源的共享化利用

社会信息化使档案信息资源面临着一个全新的生存环境与发展空间。档案应该记载"人类生活的方方面面"，档案工作者要"创造一个反映普通百姓生活喜好、需求的全新的文献材料世界"，档案馆藏是反映"人类生活的广阔领地"。因此，档案资源唯有回归社会，得到最大限度的利用，才能体现档案保管的价值和作用。事实告诉我们，实现档案信息资源的集成化管理和共享化利用是档案贴近公众、服务社会的最佳解决方案。

要实现档案信息资源的共享化利用，首先必须在档案基础数据库的建设上下功夫。档案基础数据库是建设数字档案馆和开展档案信息化的基础性工作之一，是实现档案信息资源的集成共享、统一管理、高效检索和方便利用的基础信息存储结构，更是国家信息资源数据库建设的重要内容。今天，我们处于信息技术快速发展的知识经济时代，国家、城市综合服务资源库的建设是社会发展的需要，是加强政务公开、实现便民服务的一项基础性工作。我国已经在人口、法人、自然资源与宏观经济四大数据库的建设方面取得较大成效，档案作为人类社会活动的历史记载，档案资源的开发利用和档案基础数据库的建设是国家信息资源建设的重要组成部分。可以说，档案基础数据库的建设已经成为各级各类档案馆面向社会提供档案资源利用服务的基本职能，成为我国整合档案信息资源、弘扬民族文化、提高民族素质的历史性课题，同时也是档案工作者采用现代化手段记忆当今社会改革、建设、发展的真实过程，支撑社会经济发展的历史性责任和义务，更是政务公开、提高办事效率和促进科学决策的依据。

美国、加拿大、澳大利亚、德国、韩国等一些发达国家已经在档案数字化、文档一体化、数字资源长期保存、数字档案馆等方面开展了一些预言性、前瞻性和应用性研究，相继制定了电子文件管理的元数据格式与规范，研究开发档案管理信息系统、档案资源共享网站系统建设的思路和方法。国际档案理事会、档案著录标准特别委员会正式公布了新修订的第二版《规范记录著录规则》，于第十六届国际档案大会上正式颁布，该档案著录规则对规范档案目录数据库的检索服务、建立高质量的目录中心具有重要的参考价值。发达国家的共享资源库，针对公众对档案资源的利用需求提供高效率的查准、查全服务机制。

在我国，目前也有一些省市级档案馆开展数字档案馆建设，制定了符合各地区需求的数字档案的元数据格式规范，建立了档案目录中心，提供部分开放档案信息的检索服务功能，具有典型示范作用。比如福建省档案基础数据库建设，它是基于分布式数据库，在原来单机和局域网络的基础上开发完成，它连接了若干分布式数据库，并建立了档案目录数据库、档案内容数据库等。但是多数档案馆还没有真正建立全面的、系统的、面向公众查档需求的档案基础数据库，而只是建立了一些专门的特定主题的数据库，只能满足一些局部或特定的用户需求，特别是开放的档案信息资源没有实现集成，信息结构不统一，档案数据不系统、不完整、不能共享，更为严重的是，没有形成一个统一的、能够描述数字档案资源的格式规范和建设档案基础数据库的标准方法、实现档案资源的整合、组织与存储的技术方案和行之有效的建设思路。另外，建设档案基础数据库的关键技术如海量、非结构化的数据存储解决方案，基于知识管理的数据仓库和数据挖掘等技术尚未在档案信息化领域得到广泛应用，这些因素都大大降低了档案基础数据库建设的速度和质量，致使各类档案资源难以形成一个统一的资源库整体，限制了档案资源的深层次挖掘和广泛利用。因此，研究档案基础数据库的元数据标准集、数字化档案信息的格式规范以及档案基础数据库的建设思路和方法、各类结构化和非结构化档案数据的组织、存储和检索利用的关键技术、整合方案、提供检索服务和共享利用的有效机制等，将成为当前档案馆信息化建设重要的基础性工作。

三、档案信息服务机制变革

随着全国各行各业信息化进程的加快，档案馆信息化应用也逐渐走向更广、更深的领域。档案信息服务将不再拘泥于传统的、单一的方式，将会有所创新，趋向多元化发展。

（一）服务方式由被动性向主动性转变

改变传统的被动服务方式，积极主动地开展档案信息服务。长期以来，在档案信息利用上，总是遵循一种传统的服务方式——"等客上门"。这实质上与信息社会的发展极不协调，不利于档案信息价值的体现与发挥，封闭了档案信息表现价值的众多途径。而档案信息服务方式也必须考虑到档案的特性，"送货上门"也是不行的，不符合《中华人民共和国档案法》的基本要求。档案信息的主动服务方式应该是"请客入门"。

具体的措施包括：

（1）开展针对档案利用者的利用需求研究，主动地提供档案信息利用，首先要广泛、深入地研究不同方面、不同层次的利用者。

（2）进行必要的档案宣传工作，社会对档案还没有广泛地认识、了解，利用它就无从谈起了。

（3）提供多种档案信息利用方式：编制多样化的检索工具，形成一个全功能、高效益的检索系统；加强编研工作，编研成果的出版发行及交流，能将档案价值的精华系统、全面、集中地向社会公布，向档案信息利用者提供有效捷径；拓展档案信息中介服务机构。目前，我国上海、苏州等城市已经出现了这种机构。

（二）服务手段由传统型向现代化转变

计算机网络技术、数据库技术以及多媒体技术的发展使得档案信息服务手段发生了巨大的转变。借鉴相关学科数字化发展的研究成果，实现档案管理现代化应借助于数字化综合管理信息系统，把分散于不同载体、不同地理位置的档案信息资源以数字化的形式储存，以基于对象管理的模式管理，以网络化的方式互相连接，从而提供及时利用，实现档案信息资源共享。我国是发展中国家，经济和技术条件的制约决定了档案管理手段转变的长期性，传统的档案馆信息服务技术与服务手段将得到一定程度上的扬弃，将以新的信息传播循环方式提供档案信息服务。

（三）服务内容由单一型向多元化发展

通过网络等信息技术与其他档案馆、信息机构及整个社会信息资源建立起紧密的联系。其信息服务将增加新的内容：诸如档案信息资源网络化组织管理、档案信息资源的网络导航、档案信息的数字化开发与提供利用、档案用户的教育培训等。例如，在档案利用者的教育培训方面，就要在对利用者进行传统档案检索和获取方式的培训的基础上，重点帮助利用者学会如何利用数字化的信息资源、如何选择档案信息数据库、如何从网上获取所需的档案信息、如何操作远程通信软件等。档案信息组织方式、检索方式、采集方式，较之其他类型的文献信息来说，具有复杂多样、技术含量高、对利用者信息能力要求高等特点，而我国熟练使用档案信息的人很少，所以对档案利用者的信息检索能力、信息获取能力、信息筛选能力、信息识别能力的培养是一项档案信息服务的重要内容。

（四）档案资源由封闭性向开放性转变

在网络环境下，档案馆信息服务资源已不再仅仅局限于馆藏档案信息量等指标，而是着眼于档案馆获取档案信息、提供档案信息的能力。所以档案馆在充分开发利用本馆馆藏档案信息外，还必须通过网络检索利用其他档案馆馆藏信息和网上信息资源。

建立档案信息资源的现代化管理系统，将档案信息纳入计算机网络，从而达到最快捷的信息资源利用效果。通过网络等信息技术实现档案信息价值的最大化，并最终取得档案信息服务于社会的最佳效果。这需要一个过程，从单机操作到建立档案管理信息系统网络、连接有关信息机构网站，最终并入国际互联网。从我国现实情况来看，这将有一个长远的过程，然而这必将是档案馆信息服务发展的终极目标。

（五）档案资源由单一型向多样性转变

档案馆提供的单一信息服务的资源是以收藏纸质档案为主要内容。在网络环境下，档案馆综合信息服务模式的服务资源则要朝着多种载体形式并存的方向发展，包括各种电子文件、光盘、多媒体、缩微载体和声像载体等，尤其要增加数字化馆藏资源的建设。网络环境下的数字档案馆所拥有的完整的馆藏含义应该是"物理实体馆藏+数字化馆藏"。我国档案馆在档案信息数据库建设方面的任务是：在保留传统档案文献的同时，应通过协作与协调，在一定程度上对馆藏资源进行数字化，要注意将各馆独特价值的馆藏文献数字化，制成光盘或上网传播，使各馆上网信息独具特色，并在此基础上形成一个档案信息网络。

四、档案文化产业的形成与发展

文化产业在全球范围内是一个新兴的产业。随着社会物质文明的进步与发展，追求精神上的享受已经成为一种时尚，甚至成为人们生活的必需。我国文化产业的发展起步较晚，但在教育、体育、旅游、出版业、娱乐表演、媒介广告、影视以及印刷、中介、经营、管理、咨询等方面已经形成规模，有相对完整的运作体系。现在国内很多著名的城市，如北京、上海、昆明等，已经将文化产业和信息产业列为城市发展的两大支柱产业。这充分说明了新时期文化产业的形成与发展已经成为我国国民经济发展的重要内容。档案作为网络时代重要的信息资源，在现代知识经济型社会中起着越来越重要的作用，档案业务的开展正在被推向新的工作模式，档案文化的发展也被置于一个全新的市场背景之下。

具有深厚文化底蕴的档案，其固有的知识性、价值性、信息性、凭证性决定了档案是全社会重要的文化资源，具有潜在的开发利用价值和市场需求，这是档案文化产业能够形成的先决条件。这里，我们试图按照文化产业的运作规律定义档案文化产业的理想模式。档案文化形成产业必须具备的基础环节以及这些环节需要有协调互动的关系。

收集和整理、鉴定和归档业务是档案文化产业链的生存基础；不断积累和丰富的档案随着社会的发展和时间的推移，成为宝贵的社会资源，它的深挖掘、细加工和全方位的开发利用是使档案资源价值增值的基本手段，因此，专业化的编研与开发是产业链活动过程中最重要的内容之一，也是将档案资源转变为文化产品的重要环节；商品化运作是人们认识档案文化产品的根本途径，只有经过流通环节才能变成人们熟知的商品，才能被消费、被吸收，也才能产生更高层次的需求，这是产业链能否形成的核心因素；需求流（即市场信息流）、资源流和资金流贯穿档案文化产业发展的全过程，缺一不可；档案文化产业链中每个环节点上的活动可以自成体系，各个环节协调运作是档案文化产业链持续存在和良性发展的基本保障；档案文化产业的发展与壮大将会增强人们对档案资源的认知度，将会吸引更多的投资者，借助于档案文化产品产生越来越多的社会效益和经济效益。

全球经济一体化使得档案文化产业的形成具备了充足发展的条件，但要真正发展起来，形成以档案文化产品为服务对象的产业化服务，还需要根据我国档案事业发展的具体现状，适时、适度地开展，同时也需要看档案从业人员和相关领域的工作人员能否抓住机遇，迎接挑战，开展各项有益于社会发展的档案文化宣传和利用活动。当前，我国的档案事业已经在以公益性档案服务事业为主的基础上，开始了商品化档案文化产品市场的开发与发展，这是适应全球经济发展的重要举措。然而，为适应社会的进步与发展，我们还需要进一步在档案事业和档案科学领域中不断地探索和思考，不断地创新和发展。

（一）更新观念，关注现实，按照先进文化的理念管理档案

按照先进文化的理念管理档案是摆在我们面前的极其重要的任务，也是历史赋予我们的重任。在理论上有所突破的同时，更应关注现实实践的探索与应用。就档案文化产业的功能而言，主要体现在利用档案资源为人类各种活动提供的服务上，而不在于其能否营利和在多大程度上营利；其服务的对象应该有社会性和广泛性，应该包括对社会各阶层、各领域的服务。当然，这种服务有一部分应该是有偿的，但其公益性决定了必须是微利的。事实上，档案的有偿服务已经在档案利用方面体现出来。可以预言，今后可能有多种收入渠道建立起来。档案有偿服务是一个十分复杂的问题，赢利在现阶段很难作为档案文化产业建立的前提，档案文化的发展也不可能靠档案部门自身的有偿服务来维系。

（二）以政府改革为契机，调整工作体系，转变职能，创新档案文化发展体制

档案管理体制改革势在必行，应以政府改革为契机，调整档案工作体系，转变职能，适应知识经济时代档案文化发展的需要。可以考虑将学会改为协会，发挥协会工作制的积极作用，将教育培训、沟通协调、评估等协同工作交给协会来开展。政府要把档案工作列入经济社会发展计划，各地方或专业协会的职能要用法律形式固定下来，以协会为纽带，以档案馆（室）为实体，加强档案局的执法监管力度，重构新型的档案管理工作体系。从功能上讲，档案局的工作重点放在如何保证国家对档案的依法管理和国家对档案资源的所有权，主要职能是要体现依法监管和服务。档案协会是以服务为主、监管为辅的行业组织。档案馆是档案工作实体，作为协会成员，应履行会员义务，缴纳会费，得到协会提供的服务，并接受协会监管。同时，协会也是档案工作或从业人员利益的保障组织，在依法治档和保守国家秘密的前提下开展活动。

（三）以信息化为手段，促进档案行政管理体制改革

现行的档案上缴制度、馆藏优化工作是长期未解决的重大课题。信息化工程的实施可以将档案的实体管理与信息管理实现物理分离，改变或取消多年沿袭的档案上缴制度，仅此一举，就能为档案工作节约巨大的人力物力。在目前情况下，档案信息的网络服务则能从根本打破多年来档案重保管、轻服务的现状，根本改变人们对档案工作的认知程度，这

对开发档案信息资源意义十分重大。我国信息化的理论和实践都证明，在实现管理机构的扁平化、提高行政效能等方面，信息技术起着重要的能动作用。就行业特点来讲，档案也是发挥信息化功能的最好应用领域之一，依靠信息决策依然是档案高层管理的主要理念，特别是办公自动化与电子文档管理的集成，现在和将来都是政务与企业信息化的重要方面。档案信息又成为各类数据仓库与决策支持系统的基础数据组成部分，为电子政务所必需。

（四）开展旨在建设先进文化的各类档案收集、利用、宣传、服务活动和项目

当前我国档案文化产业活动主要依靠政府财政拨款的支持，在一个较长的时期内，仍会以这种方式为主。目前，各类档案文化活动相继开展，如教育、展览等活动取得了比较好的社会效益。重大事件和个人档案的征集工作也有新的突破，但在认证服务和各类提供凭证性的服务工作中，作为档案部门的特色服务方面仍无章可循，存在很大的随意性。在现有机制下，档案的收费服务规定也不统一，主要是科技、教育及文化档案本身的市场化利用没能反映知识产权的价值。在以后的改革和新的管理体制下，这些方面应该有所突破。今后，在档案服务方面，通过网络计算机提供的档案信息服务将成为档案文化服务的主流，这种服务无疑是面向全国经济政治的各个领域，其范围也将是全国化和国际化的，如果没有市场化运作的保障机制，将是不可能实现的。

（五）提高档案工作人员或从业人员的综合素质

提高档案工作人员或从业人员的综合素质是档案文化得以发扬光大的关键。近年来，档案人员文化素质的变化很大。但是改变档案人员"档案保管员""资料保管员"的形象以适应现代社会发展，还需要一段较长的时间。档案工作者应该具备所在行业的普遍性常识和档案管理的专业知识，要掌握信息化知识、基本的计算机操作技能和数字化档案的管理与备份技巧，又要有文化产业要求的市场开发能力和服务能力，达到信息时代的公务员与文化工作者的双重要求。这无疑是对现在档案工作者的挑战。

当前，我国正处在以档案文化产业政府监督与资助下的公益性档案服务事业为主、以商品化档案文化产品市场为辅的格局中，各级政府和档案部门正积极筹划，以深化改革为契机，把档案文化推向社会，推向市场。相信将来有一天，人们必定会迎来一个档案事业发展的新时期，档案文化将成为社会文化产业中的一朵奇葩。

第五节　档案资源实行多元化保存

21世纪，社会信息化的普及与应用使档案信息的保存与管理呈现多元化趋势，档案的保存方式正从以纸质档案为主的传统载体走向光、电、磁、网络等新型载体，而且随着数字档案信息量的不断增长和扩大，档案的管理和存储问题势必引起社会的高度重视。

一、介质存储

从古至今，介质存储一直是保存档案的主流方式，不同介质承载的档案本质属性并无差别，都是人类认识世界和改造世界的历史记录，是社会的重要信息资源。人类曾以石器、竹器、纸张、磁带、缩微胶片等作为载体记录档案的内容，而在网络信息时代，由于档案的形成在很大程度上依赖于计算机及其应用系统环境，档案信息以数字形式展现给人类。为了保存这些数字形式的文件和档案，人类发明了软盘、磁盘、光盘等存储数字信息的新型载体，使用这些载体，人们能够方便地存储、迁移、展示和传播档案信息，开展深入的编研开发工作，为社会提供档案利用的多样化服务。与传统档案载体相比较，数字形式的档案载体为公众提供了灵活、方便利用档案的机会，而对于习惯了保管传统载体档案的档案工作者来说，面临的新挑战是，如何将这些新型载体档案进行永久保存和广泛利用。

关于数字资源永久保存问题的研究，国内外已经有很多单位付出了努力，有的致力于提高数字信息载体的寿命，有的则在扩大载体的存储容量、降低存储成本上下功夫。以光盘为例，自20世纪90年代中期以来，光盘作为现代数字信息存储载体，以其制造成本低廉、容量大、使用方便、保存时间长等特点也正在取代许多传统信息存储载体如纸、磁带等。光盘的使用越来越广泛，而且随着光盘技术的发展，光盘的容量越来越大，从CD、VCD、到CD-R、DVD及CD-RW、U盘等新产品层出不穷。然而，正是由于数字信息载体的更新换代太快、太频繁，尽管一代代产品的兼容性越来越好，但由于档案这一固定内容的"原始性不能被修改"的属性决定了档案具有快速发展和频繁更新的特殊性，肩负保管社会历史记录重任的档案工作者，不仅要考虑档案信息利用的深度和广度，还需要重视档案的完整保存和真实有效。因此，很多专家提出了21世纪"双套制"工作策略并被很多单位所采纳，即将有保存价值的电子文件归档时，同时做一套纸质备份或制作缩微胶片，延长档案的保存寿命，将存储在数字信息载体上的档案主要用于提供利用服务和载体备份。"双套制"是过渡时期档案管理的一种可操作解决方案，在一定程度上减轻了档案工作者保存档案的压力，但增加了管理过程的成本。在实际工作过程中，很多单位采用纸质、缩微、数字信息载体各制作一套备份，这样，制作成本、管理成本呈现持续上升的趋势。应该说，随着档案信息量的增大，这种方式很难持续较长的时间。另外，并不是所有的数字档案都能够制作纸质或缩微的备份，只能以数字载体形式进行存储，这就需要加强管理，制定长期保存数字档案数据的管理规范和规章制度。在选择较长寿命存储载体的前提下，定期进行检查，根据需要做数据迁移，并在数据迁移的过程中确保档案的真实、完整和有效。因此，我们期待具有较长寿命和稳定特性的数字信息存储载体问世的同时，更需要提高现代管理的水平，保证工作的有效性。

二、网络存储

数字档案信息的产生是历史的必然，也是社会公众对档案利用渴望的结果。档案记载着历史，传承着文化，档案信息对人类社会的发展与进步起着承前启后的作用。在数字化高速发展的今天，网络已经渗透到社会各个领域的日常运营管理中。具有海量存储性能的网络存储产品及其组织与管理数字信息的软件系统的问世，为数字档案的存储提供了可能。各级机构建立的互联网、专网和内网则为档案的网络化收集、整理、归档、存储、传播、利用提供了基础平台。

网络存储领域最典型的代表有直接附加存储、网络附加存储、存储区域网以及内容寻址存储。事实上，DAS、NAS、SAN 和 CAS 是集数据存储硬件设备和数据管理软件系统为一体的存储解决方案。区别于介质存储的脱机方式，网络存储的主要作用是提供数字信息的在线访问，而数据管理则是解决网络上数据的组织、存取与访问方式，目的是管理数据并提供访问机制。通常采用关系型数据库管理系统（RDBMS）、文件数据管理系统和内容存储管理系统等。

网络存储技术解决方案是将数据存储与数据管理技术紧密结合起来，提供存储和管理的一体化解决方案。所以，存储管理软件与存储器硬件设备在网络存储管理方案中占有同等重要的地位。网络存储未来的重点已经不仅仅是硬件技术本身的问题，而是如何高效地对存储资源进行管理。存储管理应该包括三个基本范畴，设备管理、用户管理和数据管理。

另外，需要指出的是，在选择网络存储的硬件设备时，数据通信接口标准是非常重要的因素。目前，有两种技术标准即光纤通道技术和 IP 存储技术。光纤通道技术是由存储网络工业协会（SNIA）推出的存储管理接口规范（SMI-S），是一次革命性的进步。其主要目标是使不同的存储设备供应商提供的系统之间能够互相兼容。SMI-S 的部分基础是建立在分布式任务管理通用信息模型（CIM）上的，它是一个面向对象的信息模型，定义了系统构件的物理和逻辑结构。CIM 则是基于 Web 的企业管理的一部分，它包括一个基于 XML 的加密规范和一个通过 HrITP 访问模式化对象的方法。SMI-S 的主要目标是提供一个基于标准的管理接口，使存储设备上的数据可以被视为逻辑组件，如逻辑单元、存储池等。在理论上，SMI-S 可以给网络管理员提供一个在不同供应商提供的设备中发现设备的标准接口，而且，通过这个接口可以收集设备的配置、状态信息以及上述逻辑单元的信息。光纤通道技术对那些要求可靠、高性能的高端 SAN 用户是一个技术风险较低的选择。但它的高成本、有限的互操作性、相对还不太成熟的标准，决定了它并不是对所有的用户都很合适的技术产品。IP 存储技术的最新进展是 iSCSI 技术，它使 SCSI 指令封装于 TCP/IP 协议中传输。iSCSI 既有光纤通道技术的部分优点，又继承了以太网和 IP 技术的优点。另外，iSCSI 也克服了光纤通道技术的距离限制。理论上，用户可以一个相对较低的投资实现 WAN 上的远程复制。最初的应用是具有 iSCSI 光纤通道技术的桥接路由或网关，未来将发展为端到端的 IP 连接。iSCSI 兼容的设备要比光通道设备便宜得多，因而有更广泛的市场。由于 iSCSI 是进程敏感型的，软件驱动和标准的以太网卡也许无法有效地支持它。因此，需要开发 TCP/IP 卸载引擎或者 iSCSI 主机总线适配器技术。其他 IP 存储技术包括 IP 网络上的光纤通道技术，它可通过 IP 通道将两个光通道帧汇集成单一帧，iFCP 是网关到网关的访问方法，它将光通道帧封装到 IP 包中，在 IP 地址和光通道设备间建立映射，以实现光通道存储设备之间的传输。iSNS 是 iFCP 和 iSCSI 系统中用于设备发现的协议，这几个协议目前都是 IETF 的标准草案。FCIP 和 iFCP 的主要驱动都是在 SAN 上的扩展，它使用户能够实现长距离的远程复制，iFCP 和 FCIP 可以很好地应用在一起。

三、备份管理

网络、计算机、信息系统的深入应用和普及，各档案馆（室）的网络系统内的服务器和网络存储设备担负着关键的应用，存储着重要的信息和数据，为领导及业务部门提供综合信息查询的服务，为业务部门提供数据处理、辅助业务处理和数据存取与访问等功能，为网络环境下档案利用者提供快速高效的信息查询、检索和利用等的各项服务。因此，建立可靠的备份系统，保护关键应用及档案数据的安全是信息化应用中的重要任务，在网络、系统发生人为或自然灾难的情况下，保证档案数据不丢失，系统能够得到快速恢复，尽量将损失降到最低，所以，备份也是保障数字档案安全存储的一个重要方法。

一个完整的网络备份方案应包括备份硬件、备份软件、备份数据和备份计划四大部分。

备份硬件通常采用硬盘介质存储、光学介质（光盘和磁光盘 MO）和磁介质（磁带）存储技术。与磁带或磁带机存储技术和光学介质备份相比，硬盘存储所需的费用是比较昂贵的。磁盘存储技术能够提供容错解决方案，但也很难抵御用户的错误和病毒；光学介质备份提供了比较经济的备份存储解决方案，但它们所用的访问时间比较长且容量相对较小，当备份大容量数据时，所需光盘数量大，管理成本增高；磁带具有容量大且可灵活配置、速度相对适中、介质保存长久（存储时间超过 30 年）、成本较低、数据安全性高、可实现无人操作的自动备份等优点，但检索起来不太方便。

备份软件主要分为两大类：一是各个操作系统厂商在软件内附带的，如 NetWare 操作系统的"Backup"功能，NT 操作系统的"NT-Backup"等。二是各个专业厂商提供的全面的专业备份软件，如 HP OpenView、Omni Back Ⅱ 和 CA 公司的 ARC serveIT 等。选择备份软件时，不仅要注重使用方便，自动化程序高，还要有好的扩展性和灵活性。同时，跨平台的网络数据备份软件能满足用户在数据保护、系统恢复和病毒防护方面的支持。一个专业的备份软件配合高性能的备份设备，能够使损坏的系统迅速起死回生。

备份计划是备份工作中的管理功能，是备份策略的具体描述。规定每天的备份以什么方式进行，使用什么介质，对什么数据，在什么时间进行以及系统备份工作的实施细则等。备份方式主要有全备份、增量备份和差分备份。全备份所需时间最长，但恢复时间最短，操作最方便，当系统中数据量不大时，采用全备份最可靠。增量备份和差分备份所需的备份介质和备份时间都会少一些，但是恢复起来要比全备份麻烦一些。用户根据自身业务对备份窗口和灾难恢复的要求，应该进行不同的选择，以得到更好的效果。

备份数据是备份工作的内涵所在，按照备份计划将网络系统中有用的数据、程序、文件等备份到预先选择的存储介质中，以保证数据意外丢失时能尽快恢复，将用户的损失降到最低点。

这里，需要重点指出的是，灾难备份与恢复是档案信息化中应采用的重要措施，这是由档案的不可再生性及其原始特殊性所决定的。灾难备份与灾难恢复措施在备份工作中占有相当重要的地位，它关系到系统、软件与数据在经历灾难后能否快速、准确地恢复。灾难主要包括地震、火灾、水灾等自然灾难，以及战争、恐怖袭击、网络攻击、设备系统故障和人为破坏等无法预料的突发事件。尤其在网络病毒传播速度非常快的今天，如果没有一定的应急响应能力，突发事件将给社会带来灾难性的后果。加强灾难备份，建立应急响应措施，就可以做到减少灾难所带来的社会成本和压力。在信息化环境下，灾难备份是应对突发事件、保护信息的相应的防范。尽管灾难备份建设是一项比较复杂、周密细致的系统工程，涉及灾难备份中心选点、灾难备份中心建设、机房建设、基础设施建设等内容，同时还涉及灾难备份系统建设、专业运营队伍建设、灾难备份中心运营管理体制建设和灾难备份中心运营管理等工作。不仅需要投入大量人力、物力和财力，还需要考虑灾难备份系统的实施所面临的技术难度以及经验不足所带来的风险，而且需要考虑长期运营管理方面的资金投入。但作为 21 世纪的档案工作者，在开展档案信息化建设之初，就必须引起足够的重视。

第六节 数字档案实行安全性保障

一、数字档案安全保障的基本思路和方法

网络、计算机、存储器和信息系统是数字化档案信息生存的基础，也是引发安全问题的风险基地。黑客攻击、病毒蔓延、信息窃取、技术落后、制度不健全、管理不规范、措施不到位、治理不及时是产生不安全因素的根源，其中有客观的因素，也有主观的原因。因此，加强对客观侵害行为的防范、对主管漏洞的治理、对安全事故的补救是保障网络畅通、系统稳定、数据安全的重要措施。只有网络和系统安全了，制度规范健全了，组织团队落实了，数字化档案信息的安全才能得以保障。

（一）建立技术保障体系，提高网络与系统的安全性

按信息的安全需要从网络、系统、应用、数据等多个层面来分析问题，并提出解决问题的策略、方法和措施。

1. 保障网络安全

启用入侵检测和访问控制的联动服务。网络安全主要包含两层含义，一是基础设施、网络与计算机设备等硬件设备的无故障运行，其安全性关键在于要购买优质的硬件设备并在运行过程中加强管理和维护，确保科学使用，这一点只能靠机构中的人和制度来保障；二是保障合法用户的正常使用，确保网络上信息资源不被非法用户盗窃、更改。防火墙和入侵检测技术是常用的保障网络安全的两种手段，入侵检测技术侧重于监测、监控和预警，而防火墙则在内外网之间的访问控制领域具有明显的优势。如今，面对网络攻击手段复杂度的不断提高及融合能力的逐渐加强，在网络层采取安全技术的集成化应用和安全产品的联动启用措施，全面提高网络的综合防范能力，已经成为人们保护全网安全的重要举措。

2. 保障系统安全

加强升级服务，做到无漏洞运行。几乎所有的操作系统及其提供的应用与服务均已发现有安全漏洞，并且越流行的，其安全问题越多。目前各操作系统的开发商已经开设了专业通道，提供升级服务的补丁程序下载、安装和检测服务，而且大多是免费的。因此，能否做到系统的无漏洞运行，关键在于人们是否使用正版软件，增强安全意识，并做到及时升级、及时打补丁。对操作系统的安全，除了不断地增加安全补丁外，还需要时常检查系统的各项设置，如敏感数据的存放方式、访问控制机制、密码更新的频度等基础性策略，并充分利用操作系统提供的强大功能，首先建立基于本机操作系统的安全防御与监控系统，保障各客户端的无漏洞运行。

3. 保障档案信息系统的安全

采取防偷窃及基于生物识别的强身份认证措施。档案管理信息系统是特定的应用程序，它的安全主要取决于：是否是合法的用户在合法的权限范围内执行了合法的操作，做好系统用户的安全管理，不给偷窃者以机会。目前，保障合法用户的做法是采取强身份认证、加密和防密码偷窃等技术，如指纹识别、虹膜认证等，都是确保用户身份的高安全性技术措施，生物识别技术已经广泛应用于硬盘加密、数据加密、身份验证等环节。而对于合法用户越权操作与非法操作的情况，主要取决于内部安全管理制度和措施的有效性实施与落实。

4. 保障档案数据的安全

实行隔离、加密、灾难备份等措施。安全管理的最终目的就是保障网络上传输的、系统中存储的、用户访问到的档案数据和信息是真实、完整和有效的，并保障系统操作者能够方便地访问自身权限范围内的数据，杜绝无权用户进入系统。因此，数据加密、硬盘加密、文件系统加密、增加系统存储的复杂性等都成为保障数据安全的有效措施。对于保密和绝密的数据应采取物理隔离，不允许上网操作。而异地备份则是避免地震、火灾等的重要防范措施，更是确保档案信息安全必不可少的重要备份措施，任何档案保管机构都应建立灾难备份系统。

5. 病毒防范

建立网络化的病毒防范体系，实现病毒库的同步升级。几乎有网络和计算机存在的地方，都会有病毒。谈毒色变的主要原因是不了解病毒的工作原理，病毒泛滥的主要原因是病毒库不及时升级。因此，每台计算机上都应安装防病毒软件系统，并及时更新病毒库。而对于网络环境下的一个组织而言，病毒杀不尽的原因则是网络上至少有一台机器有病毒，并在网上扩散传播，因此，购买网络版的防病毒软件，建立网络化的病毒防范体系，实现病毒库的统一管理，同步升级，是防范病毒侵害数字化档案信息的有效措施之一。同时，加强对病毒知识的学习，提高机构中每位员工的主动防范意识和警惕性也是非常重要的保障措施。

然而，各种技术保障措施固然可以为网络、计算机、存储设备、系统服务、应用程序等软硬件系统建立"硬件"防护体系，但要使它们真正起作用，还需要管理制度这样的"软件"防护体系与之协同工作，其中，人是最关键的因素之一。正像木桶原理所阐述的道理一样，网络及信息的整体安全取决于包括操作人员在内的整个网络系统环境中安全性最薄弱的环节，也就是说，如果网络中有一个人不按规范操作、有一台机器留有漏洞、有一个应用程序感染病毒、有一个端口留有后门，都有可能造成整个网络的彻底瘫痪。因此，需要建立健全的安全管理制度和一体化的管理方案，并将措施落实到组织中的每个人、每件设备、每台机器、每个应用、每个服务，才能确保网络、系统和数据的安全。

（二）建立制度保障体系，实现档案安全管理的程序化

保障网络、系统和档案信息安全的永久性措施应该是建立程序化、制度化管理模式并严格执行、落实到位。这同样需要在网络层、系统层、数据层和应用层分别制定相应的政策与规范，并采取必要的措施强化落实，做到制度正确，落实见效。

1. 网络、机房、服务器管理规范

主要包括制定保障网络线路、通信设备、交换机、服务器、主机房内部和网络，支持档案管理机构内部档案信息系统运行的网络基础设施的防火防盗管理制度，以及保障该机构局域网内部用户访问内部档案信息资源和访问互联网的操作规范，制定本项操作规范的依据是业务部门的实际需求，制定规范的决策者是 CIO，执行者是 NA 和 SA 两个重要的角色，任何用户只是按照被分配的权限进行操作，不能越位执行。

2. 数字档案信息安全存储管理规范

根据档案信息的安全级别和保密程度的不同，需要分门别类地制定不同的管理规范，确定不同的存储方案。密级档案信息应实行物理隔离，专人操作，必要情况下对硬盘采取强安全加密措施。内部处理的档案业务数据在开展网络化共享与维护的过程中，严格区分用户的访问权限，对外开放的数据重点制定防范数据被篡改的策略和方法。制定本项操作规范的依据是档案法及机构规定的档案管理制度。

3. 个人 PC 和客户端的安全操作规范

客户端的安全操作规范主要是指客户端的上网制度、客户端的安全配置规范、客户端

应用系统的安装、运行和维护方法、客户端及个人用户在使用档案管理信息系统时的操作规范等方面的要求,这将涉及组织中每一位员工,任何人都不能轻视。制定该项制度的依据是整个档案业务管理机构全网安全和信息安全的总体要求。

4. 数字档案应用系统的安全操作规范

电子文件归档系统、馆藏档案数字化系统、档案信息发布与提供利用的网站系统等应用程序是我们访问数字档案信息的重要工具。建立有效的操作规范,确定科学的数据转换与图像处理的技术参数,采取数据加密措施,实施严格的权限管理制度,是制定应用系统安全管理的重要内容。该项制度一旦确定,重要的是需要做到持久执行,并在执行的过程中逐步完善。

(三) 建立组织保障体系,促进安全保障的有效性

目前,在我国档案行业,确保网络和档案信息安全的组织保障体系(以下简称为信息管理组织体系)与行政管理和实际业务管理过程中的组织体系(以下简称业务管理组织体系)往往是不同的,其主要区别在于,信息管理组织体系中的成员几乎不参与决策,更无权支配和调配信息化项目的资金和团队成员,日常工作中扮演的几乎都是"救火队"的角色。主要原因是,业务管理和信息化应用没有真正融为一体,两者之间隔着观念和认识上的鸿沟。事实上,理想的管理模式是二者合一,要求机构的领导是既懂业务又熟悉信息化应用的现代化管理人才,要求档案业务工作者也是掌握多项技能的复合型人才,要求机构中的每位员工把信息化和档案业务作为同等重要的基础性工作来开展。

信息管理组织体系中有四个重要角色,一是主持信息化建设和应用实施的项目负责人,信息资源管理的决策者——chief Information Of-6cer(CIO);二是确保网络安全运行的网络管理员——Network Admin-istrator(NA);三是确保系统和数据安全的系统管理员——System Ad-ministrator(SA)。NA、SA 和 CIO 是整个信息安全保障体系建设的决策成员,而借助于网络、计算机开展工作的业务人员则是信息系统中的用户——User,用户的上网和访问系统与数据的权限是由 NA 和 SA 根据档案管理业务的实际需要和网络安全管理的制度进行分配的,不经允许是不能越权操作的。

信息管理组织体系中一个重要的管理理念是任何角色都不能越位操作,即便是 CIO、SA 或 NA 也不能不顾制度约束而随意更改业务数据。制定系统内每个用户操作权限的依据必须是业务组织体系中岗位职能的正确、合理和有效的对应与体现。

(四) 建立安全监控体系,落实安全保障的有效性

档案信息安全运行的法规、制度、标准与规范将随着信息系统的建设和运行逐渐得到

发展和完善，但档案信息系统和档案信息是否能够真正获得安全保障，关键还在于这些安全法规和标准制度是否能够得到有效的执行和应用。因此，在健全网络安全法律法规的同时，还应加大执法力度，加强运行管理与监督控制的力度，为网络与系统的安全运行提供法律保障和运行保障的长效机制。这一目标的实现不仅需要档案管理部门及所有人员付出努力，更需要国家立法机构的支持，还需要建设、使用和维护档案管理信息系统安全运行的所有参与者不断加强安全意识，执行安全制度，随需求改变和完善安全管理策略确保系统运行和档案信息存储的持续安全。

安全审计、安全监控等都是网络与系统安全运行的监控手段和方法。安全审计和监控的对象主要是网络、服务器和计算机系统的环境安全、实体安全、机房设备的防电磁泄漏、软件安全技术、软件加密技术、操作系统的安全管理、数据库的安全与加密、数据传输的安全与加密、局域网安全控制、计算机病毒的诊断与消除、系统的运行安全，以及整个系统的安全解决方案和安全评估等，都属于将纳入安全审计和安全监控的范围。

安全监控的具体措施包括：各级保密工作部门和机构负责本地区、本部门网上信息的保密检查，发现问题，及时处理；涉密信息网络必须与公共信息网实行物理隔离；在与公共信息网相连的信息设备上不得存储、处理和传递国家秘密信息；加强对上网人员的监督与管理，明确责任，确保在公共信息网上不发生泄露国家秘密的事件。

随着信息安全的专业化发展和复杂程度的提高，保障信息安全的技术与方法难度也在逐渐加大，同时，由于信息安全是个动态的、发展的过程，不可能一步到位。因此，基于成本考虑和技术先进性考虑，信息安全外包成为一种趋势，信息安全服务是信息安全外包的一项最重要内容，也逐渐被市场所接受。信息安全服务提供包含从高端的全面安全体系到细节的技术解决措施，安全服务分层次和内容进行开展，主要包括信息安全咨询和信息安全策略服务、安全监控和安全审计服务、安全响应和安全产品支持服务等。

因此，安全监控体系的建设，首先应根据各单位执行安全审计和安全监控的能力，选择是否采取专业化服务来开展，其次是要确定安全监控的层次和内容，最后要选择合适的安全监控服务的专业机构或团队来确保安全监控体系的建设与执行。

二、基于电子签名保障电子文件归档的安全

早已签订生效的《中华人民共和国电子签名法》赋予电子文件及电子签名以法律效力，设立并规范具有安全保障系数的电子认证机构与服务制度，保障电子文件在通信及各种处理活动中能被安全使用，防止了电子文件在传输过程中被他人篡改增删等违背当事人意愿的行为，避免了电子文件发送者不承认或随意修改文件、逃避应当履行法律义务的行

为。应该说，法律效力的保障使电子文件网上活动的安全性增强了，双方开展工作的信任度也增强了。

拥有合法电子签名的电子文件原件归档后将形成真正的电子档案。合法有效的电子文件移交到档案馆可以采取介质归档，也可以采取网上归档。具体实现过程包括：电子文件内容的真实性和完整性的确认，归档单位和归档责任者身份认证，归档单位对电子文件执行电子签名，档案馆接收人对电子签名的验证和对电子文件可读性的确认。

电子文件网络化归档的工作流程，整个系统工作的必要条件是归档单位具有第三方认证的电子印章，归档单位和档案馆需要建立能够阅读带有电子签名的电子文件原件内容的管理信息系统，即建立归档文件中心和电子档案中心两个信息系统（归档文件中心与现行业务系统的数据备份系统保持同步工作），电子文件一旦被修改，系统能够识别，而且会将其视为无效文档，并通过各种技术手段保障经过电子签名后的电子文件的安全、完整和可读。

（一）电子文件原件及其完整性确认

档案形成单位所采用的现行业务管理信息系统是电子文件原件及其元数据信息的发源地，系统的安全可靠是确保电子文件真实性的根本依据，档案工作者应按照档案接收和保管工作的要求，在该系统建设之前提出具体的保障电子文件真实性需求，并提前开展档案的指导工作。特别是应在电子文件即将结束现行期使命之前，提示各单位做好备份和归档准备等各项工作。更为重要的是，应将拥有电子签名的电子文件最终文稿及时地转存到归档文件中心，以便及时开展归档工作。

（二）归档单位及归档责任者身份认证

系统中包括单位和个人双重身份认证内容。归档单位的身份确认是通过《中华人民共和国电子签名法》中规定的具有权威性、可信任性和公正性的电子认证服务机构提供（简称 CA 服务机构）并签发的电子印章和证书，进行身份认证的方式分为单向认证和双向认证。电子文件归档采用单向认证方式，实现档案馆对归档单位网上传输的电子文件的合法身份认证，这时档案馆需要从 CA 服务机构的目录服务器中查询索引，获得证书之后，首先用 CA 的根证书公钥验证该证书的签名，验证通过说明该证书是第三方 CA 签发的有效证书，然后检查证书的有效期、检查该证书是否失效或进入黑名单等，从而确定归档单位的身份有效性。关于归档责任者的身份认证也可以采取上述方法，但一般只需要在信息系统中采取像指纹、密码等有效措施就可以得以保障。

（三）电子签名的实现

归档单位在登记注册合法的电子签名后，拥有 CA 服务机构发放的签名证书的私钥及其验证公钥。实现签名的过程是：首先确认需要归档的电子文件，然后用哈希算法对电子文件做数字摘要，再对数字摘要用签名私钥做非对称加密，即做数字签名，最后将以上的签名和电子文件原文以及签名证书的公钥加在一起进行封装，形成签名结果发送给接收方，等待接收方验证。

（四）电子签名的验证

档案馆接收到数字签名的结果，其中包括数字签名、电子原文和发方公钥。进行签名验证，首先用归档单位发送过来的公钥解密数字签名，导出数字摘要，并对电子文件原文做同样的哈希算法，获得一个新的数字摘要，将两个摘要的哈希值进行结果比较，结果相同则签名得到验证，否则签名无效。这就做到了《中华人民共和国电子签名法》中所要求的对签名不能改动、对签署的内容和形式也不能改动的要求。

（五）签名电子文件的可读性保障

归档单位归档时发送给档案馆的和档案馆接收到的都是经过签名的电子文件，经过合法性和完整验证后，电子文件就成为电子档案并由档案馆进行管理，提供对外服务与利用。这就要求档案馆建立的电子档案管理信息系统不仅安全可靠，而且是能够阅读和浏览签名的电子文件，目前这一技术已经由很多单位实现，并做成插件形式，可以嵌入到档案管理信息系统中，必要时可以打印出带有印章的档案文件，作为凭证依据。当前市场上流行的模拟纸质文书的数字纸张就是非常典型的应用案例。

电子文件归档过程可以看作是对传统纸质档案的电子化模拟与流程化规范的过程，所不同的是从对文件的收集、整理、鉴定、移交、接收到管理的全过程都采用了网络、信息系统、数字签章和身份认证的电子化与自动化操作模式。这种方式，一方面使电子文件归档过程变得简单、快捷、自动化程度高；另一方面使人们对电子档案原始文件的管理与管理档案目录数据的信息系统实现了同步管理，最大限度地减少了人工的干预，提高了归档工作的效率，更重要的是，也大大增强了归档过程的规范性和安全性。至于网络和信息系统带来的安全风险，是能够通过采取各种现代技术手段得到控制和加强的。事实上，有权威机构统计，70%的信息安全事件来自管理上的漏洞，应该说采用自动化手段执法比靠人工执法的安全性要高。因此，作为新时期的档案工作者，应该顺应历史的潮流，改变传统的观念，大胆地接收真实、合法、完整、有效的电子文件，做到对历史负责、为现实服务、替未来着想。

三、数字化档案信息安全保障的总体结构

"坚持积极防御、综合防范的方针，全面提高信息安全防护能力，重点保障基础信息网络和重要信息系统的安全，创建安全健康的网络环境，保障和促进信息化发展，保护公众利益，维护国家安全"是国家对信息安全保障工作的总体要求，也是架构数字档案信息安全保障体系的总体指导思想。各档案管理部门应在遵守公共安全、信息安全、计算机安全等法律法规制度的前提下，首先，建立保障数字化档案信息安全运行的组织体系，制定安全管理的规章制度，加强教育和培训，提高所有人员的安全意识，规范操作过程，坚持全员思想上的同步安全原则，开展科学的档案管理工作，杜绝由于人为因素而引发安全事件；其次，根据档案数据、业务流程以及内部网络设备的使用特点，建设各个层次的技术保障措施，设定和执行网络边界区域防火墙、入侵检测、网络管理系统等安全策略，加强内外网络之间访问权限的控制与管理，对内部网络中的计算机和服务器，加强操作系统和应用程序的修补与更新，强化应用程序的安全，合理分配各用户的操作权限，根据需要对存储系统与档案数据采取必要的加密措施等一系列的技术保障措施；最后，在运行环节上加强管理和控制，在内部网络所有层次上落实安全管理制度，实施保障安全运行的有效措施，对保密档案数据实行物理隔离措施，对在线运行系统的档案数据采取异地备份、介质备份等措施，对于开放的档案数据提高防篡改的能力，对当前业务流程中正在处理的数据加强真实性、完整性和有效性的控制。

总之，在数字化档案信息的综合管理过程中，我们需要采用这种多维的分层管理与控制体系，建立保护全网安全的防护体系，加强内部管理，提高安全意识，采取各种措施和手段加强防范，增强攻击者被检测到的风险，降低攻击者的成功率，从而在网络安全、系统安全、应用安全的基础上保障数字化档案信息的安全。

参考文献

[1] 潘美恩，廖思兰，黄洁梅. 医院档案管理与实务［M］. 长春：吉林科学技术出版社，2022.

[2] 王晓琴，芦静，任丽丽. 档案管理基础理论与实践研究［M］. 长春：吉林科学技术出版社，2022.

[3] 李平，张旭芳，陈家欣. 数字化档案管理与图书馆资源建设［M］. 长春：吉林人民出版社，2022.

[4] 卢捷婷，岑桃，邓丽欢. 互联网时代下档案管理与应用开发研究［M］. 北京：北京工业大学出版社，2022.

[5] 毕然，严梓侃，谭小勤. 信息化时代企业档案管理创新性研究［M］. 北京：新华出版社，2022.

[6] 马爱芝，李容，施林林. 信息时代档案管理工作理论及发展探究［M］. 长春：吉林大学出版社，2022.

[7] 黄亚军，韩国峰，韩玉红. 现代档案信息化管理与建设研究［M］. 长春：吉林人民出版社，2022.

[8] 王瑞霞. 现代档案数字化管理研究［M］. 长春：吉林人民出版社，2022.

[9] 杨晓玲，张艳红，刘萍. 档案信息化管理与建设研究［M］. 长春：吉林人民出版社，2022.

[10] 林婷婷，冯秀莲，林苗苗. 档案信息资源与数字化管理开发研究［M］. 哈尔滨：哈尔滨工程大学出版社，2022.

[11] 周杰，李笃，张淼. 文书工作与档案管理［M］. 延吉：延边大学出版社，2021.

[12] 李蕙名，王永莲，莫求. 档案保护学与科技档案管理工作［M］. 沈阳：辽宁大学出版社，2021.

[13] 赵吉文，李斌，朱瑞萍. 数字图书馆建设与档案管理［M］. 汕头：汕头大学出版社，2021.

[14] 周彩霞，曹慧莲. 档案管理信息化建设理论与实践探索［M］. 北京：北京工业大学

出版社，2021.

[15] 周铭，侯明昌. 图书情报与档案管理学科基础教学案例集［M］. 昆明：云南科技出版社，2021.

[16] 郭美芳，王泽蓓，孙川. 档案信息化建设与管理［M］. 长春：吉林人民出版社，2021.

[17] 高莉. 图书馆管理与档案资源建设［M］. 长春：吉林人民出版社，2021.

[18] 田亚慧，龚海洁，郝彦革. 高校干部人事档案信息化管理研究［M］. 长春：吉林大学出版社，2021.

[19] 徐世荣. 档案信息化建设与管理创新研究［M］. 长春：吉林文史出版社，2021.

[20] 柳瞻晖，金洁峰，苏坚. 档案整理实务教程［M］. 上海：上海大学出版社，2021.

[21] 郭心华. 档案资源建设与开放共享服务研究［M］. 长春：吉林人民出版社，2021.

[22] 王巧玲. 非物质文化遗产档案资源建设引导策略研究［M］. 长春：吉林大学出版社，2021.

[23] 吴晓红. 档案工作综合实践教程第2版［M］. 北京：首都经济贸易大学出版社，2021.

[24] 赵旭. 档案信息化建设的理论与实践研究［M］. 北京：科学技术文献出版社，2021.

[25] 张杰. 信息时代下档案管理工作创新研究［M］. 长春：吉林大学出版社，2020.

[26] 谭萍. 基于大数据环境下创新型档案管理与服务研究［M］. 长春：吉林人民出版社，2020.

[27] 张玉霄. 数字档案信息资源安全管理研究［M］. 长春：吉林大学出版社，2020.

[28] 李雪婷. 人事档案信息化建设与创新管理研究［M］. 长春：吉林文史出版社，2020.

[29] 赵学敏. 高校数字档案馆建设理论与实践［M］. 昆明：云南大学出版社，2020.

[30] 宛钟娜，王欣，何大齐. 文书与档案管理［M］. 成都：电子科技大学出版社，2019.

[31] 张瑞菊. 物业档案管理研究［M］. 成都：四川大学出版社，2019.

[32] 刘思洋，赵子叶. 文书管理学与档案管理［M］. 长春：吉林科学技术出版社，2019.

[33] 许秀. 高校档案管理与信息化建设研究［M］. 哈尔滨：哈尔滨工业大学出版社，2019.

[34] 高大岭. 固定资产投资项目档案管理理论与实践［M］. 北京：航空工业出版社，2019.

[35] 陈一红. 我国高校档案管理工作创新研究［M］. 天津：天津人民出版社，2019.